Christoph Markschies

Aufbruch oder Katerstimmung?

Christoph Markschies

Aufbruch oder Katerstimmung?

Zur Lage nach dem Reformationsjubiläum

KREUZ

Christoph Markschies, geboren 1962, Prof. Dr. Dr. h.c. mult., wurde im Februar 2017 als erstem Protestanten überhaupt von der Päpstlichen Lateranuniversität die Ehrendoktorwürde verliehen. Der Autor zahlreicher wissenschaftlicher Werke und vielbeachteter Sachbücher lehrt an der Humboldt-Universität zu Berlin Antikes Christentum.

FSC www.fsc.org
MIX
Papier aus verantwortungsvollen Quellen
FSC® C083411

www.kreuz-verlag.de
Umschlag: Farnschläder & Mahlstedt, Hamburg unter Verwendung eines Fotos von © Andreas Pein
Satz: NagelSatz, Reutlingen
Herstellung: CPI Clausen & Bosse, Leck
ISBN 978-3-946905-09-7

Inhalt

Vorwort 7

Am Anfang war das Wort …
oder: Logo und Motto gesucht 17

Wissenschaftliche Kontroversen
und ökumenische Perspektiven 45

Reformatorisches Christentum
ist kein Oberseminar für Gebildete 91

Nach der Feier
ist vor der Feier 103

Reformatorische Aufbrüche nach dem Jubiläum …
oder: Orientierung gefunden? 123

Nachwort 151

Einige wenige Hinweise für die,
die weiterlesen wollen … 157

Vorwort

Aufbruch oder Katerstimmung? Wenn man sich mit Menschen unterhält, die sich nur im mindesten für Reformation und das Reformationsjubiläum 2017 interessieren, hört man meist sofort eine klare Position zur Frage, was dieses Reformationsjubiläum gebracht hat. Die meisten Menschen wissen sehr genau, ob das Jubiläum, das durch eine Dekade von Themenjahren seit dem 21. September 2008 vorbereitet wurde und vom 31. Oktober 2016 bis zum 31. Oktober 2017 als fünfhundertjähriges Jubiläum des Thesenanschlags gefeiert wurde, als Erfolg oder als Flop zu werten ist. Zwischentöne sind selten zu hören. Die einen heben aus der Fülle der Veranstaltungen Gelungenes hervor und betonen den Bildungswert der vielen Aktivitäten, die anderen kritisieren Misslungenes und beklagen das viele unnötig eingesetzte Geld. Auch das mediale Echo folgt eher dem Modell klarer Wertungen: „Luther ist die Pleite des Jahres“ titelte eine Zeitung, „Luther-Jahr: Die Kunstausstellungen machen das Rennen“ eine andere. Während sich die einen über kluge Grußworte theologisch hochgebildeter evangelischer und katholischer Spitzenpolitiker (und -politikerinnen) freuen, sehen andere darin und in anderen staatlichen Beteiligungen am Jubiläum eine unzulässige Verquickung von Staat und Kirche, die sie an längst vergangene Zeiten eines hochproblematischen Bündnisses von Thron und Altar erinnert. Manche wiederum beklagen den Kommerz samt unvermeidlichen Geschmacklosigkeiten und regen sich über Lutherfiguren eines Nürnberger Spielzeugwarenherstellers auf, manche verweisen dagegen auf den Humor eben dieses Reformators und könnten sich sogar noch mehr Merchandising-Artikel als nur Lutherbier, Luthersocken und Luther-Quietscheentchen vorstellen.

Jedenfalls freuen sich längst nicht alle darüber, dass ausgerechnet eine Figur mit einer Bibel in der Hand das bislang erfolgreichste Produkt des Herstellers ist und millionenfach verkauft oder verschenkt wurde (und nicht die gleichfalls angebotenen Raubritter, Feuerwehrleute oder Indianer). Das böse Stichwort von der „Selbstbanalisierung" der Evangelischen Kirche ist im Raum, obwohl schon im 19. Jahrhundert massenhaft verkleinerte Standbilder Luthers die Schreibtische der Pfarrer und Gelehrten zierten, beispielsweise auch den des großen Berliner Kirchenhistorikers Adolf von Harnack. Was die einen als „Selbstbanalisierung" beklagen und als Teil von „Selbstsäkularisierung" kritisieren, erscheint anderen als gelungene, auf bestimmte Zielgruppen hin orientierte Erzeugung von Aufmerksamkeit für ein in der bundesrepublikanischen Gesellschaft längst nicht mehr selbstverständliches Thema. Aber wie groß ist die Aufmerksamkeit, die geweckt wurde? Und wie gut wurden die Zielgruppen angesprochen? Darüber wird seit Jahren schon fröhlich gestritten.

Hinter den aufgeregten Debatten um die Bewertung von zehn Jahren Aktivitäten stehen allerdings wichtige Fragen, die auch nach dem Ende der Feierlichkeiten von Bedeutung sein werden: Wie viel Kommerz verträgt ein Jubiläum einer religiösen Aufbruchsbewegung? Wie viel staatliches Engagement ist bei einer kirchlichen Feier erlaubt? Wie weit darf eine komplexe theologische Botschaft vereinfacht werden, wenn sie öffentlichkeitstauglich kommuniziert werden soll? In welchem Umfang braucht das kulturelle Gedächtnis die subtilen

Dekonstruktionen der Geschichtswissenschaft? Und vor allem: Was bleibt von allen Feierlichkeiten für die kommenden Jahre übrig?

Alle Debatten um das Reformationsjubiläum haben sich schon ganz früh in den Kontroversen um die verschiedenen Logos, mit denen das Jubiläum als Ganzes und einzelne Aktivitäten beworben wurden, angedeutet. Diese Debatten haben sich immer wieder an Streitigkeiten um Logos und einzelne Merchandising-Artikel (wie beispielsweise dem Playmobil-Luther) verdichtet. Als 2016 in einem der vielen wissenschaftlichen Beiräte des Jubiläumsjahres vor Museums- und Universitätsleuten die Werbemaßnahmen für die drei großen nationalen Sonderausstellungen in Berlin, auf der Wartburg und in Wittenberg unter dem Motto „3 x Hammer: Die volle Wucht der Reformation“ vorgestellt wurden – die Kampagne erhielt übrigens mehrere Design-Preise –, brach aus einem prominenten Reformationshistoriker die lang angestaute Enttäuschung in scharfen Worten heraus: Schon wieder die alte Leier mit dem hammerschwingenden Luther als Ikone eines nationalen Protestantismus! Man spürte unter seiner Polemik die Enttäuschung, dass alle fachhistorische Arbeit subtiler Differenzierung sich so wenig in der Hammer-Kampagne der Design-Agentur zu spiegeln schien.

Nichts war in der Graphik mit drei Hämmern – die einstige DDR-Bürgerinnen und Bürger sofort an das entsprechende Werkzeug ihres ehemaligen Staatswappens erinnern – von der historischen Erkenntnis zu sehen, dass Thesen im Spätmittelalter niemals mit Hammer und Nagel angeschlagen wurden. Dabei hatte schon 1966 der Spiegel getitelt: „Luthers Thesen – Reformator ohne Hammer.“ Nichts war zu bemerken von der schon zum Jubiläum 1967 ausführlich diskutierten historiographischen Unsicherheit, ob der Anschlag der Thesen von 1517 überhaupt so stattfand, wie er seit dem 16. Jahrhundert erinnert wurde. Kritiker des

Emblems „3 x Hammer“ behaupteten in den folgenden Wochen und Monaten, dass Luther gerade in kirchlichen Kreisen immer noch als hammerschwingender Nationalheros dargestellt werde und das Jubiläum neue, der historischen Wahrheit eher entsprechende Bilder leider nicht produziert habe. Die im erwähnten Beirat bei der ersten Vorstellung des Logos anwesenden Fachleute verwiesen allerdings auf den für zeitgenössische Werbung eher typischen leicht ironischen Unterton („Nett hier. Aber waren Sie schon mal in Baden-Württemberg?“), der auch das Logo „3 x Hammer“ prägt, und so wurde das Logo trotz des scharf artikulierten Widerspruchs fast ein ganzes Jahr lang verwendet. Vielleicht ist ja mindestens die Ahnung, dass Hammer und Nagel das reformatorische Wirken Luthers nicht wirklich zu charakterisieren vermögen, weiter verbreitet, als besorgte Kirchenhistoriker ahnen. Und vermutlich muss man nicht einmal zu den letzten Resten des klassischen Bildungsbürgertums gehören, um eine gewisse Ironie beim Betrachten der Kampagne und ihrer drei Baumarkt-Hämmer zu spüren. Für eine solche Interpretation der Kampagne spricht, wie deutlich der hammerschwingende Luther in den vergangenen Jahren zum Gegenstand von Witzen und Karikaturen geworden ist, die über die social media eine weite Verbreitung gefunden haben.

Nochmals: Wie viel Ironie erträgt der heilige Ernst in einer Kirche? Wie viel Kommerz verträgt ein Jubiläum einer religiösen Aufbruchsbewegung mit eminent wirtschaftskritischen Untertönen? Wie viel staatliches Engagement ist bei einer kirchlichen Feier zur Erinnerung an eine präzise Theorie der Unterscheidung von Kirche und Staat erlaubt? Wie weit darf eine komplexe theologische Botschaft vereinfacht werden, um öffentlichkeitstauglich kommuniziert zu

werden, wenn sie einmal in Form einer theologischen Bildungsbewegung auftrat? In welchem Umfang braucht das kulturelle Gedächtnis die subtilen Dekonstruktionen der Geschichtswissenschaft, wenn ein ganzes Land sehr schlechte Erfahrungen mit Geschichtsmythen gemacht hat? Und: Was bleibt von so vielen Gottesdiensten, Papieren, Tagungen, Ausstellungen, Konzerten, Opern- und Theateraufführungen, Exkursionen und baulichen Maßnahmen für die Kirchen und die Gesellschaft nach 2017?

Über solche Fragen kann man trefflich streiten. Abschließende Antworten sind allerdings gegenwärtig kaum möglich: Für eine gründliche Bilanz des Reformationsjubiläums ist es noch viel zu früh. Als dieses Buch im Sommer 2017 geschrieben wurde, fanden noch landauf landab Veranstaltungen statt und eine Weltausstellung in Wittenberg dazu. Gerade weil die Bewertungen des Jubiläums oft disparat ausfallen und auch die Kommentare in den Medien zu sehr unterschiedlichen Ergebnissen kamen, müsste eine einigermaßen solide Auswertung des Jubiläumsjahres 2016/2017 oder gar der ganzen Reformationsdekade 2008 bis 2017 in gewisser Distanz vorgenommen werden. Dazu müsste zunächst ein möglichst breites Bild von Aktivitäten erstellt werden und dann mit den üblichen sozialwissenschaftlichen Methoden erhoben werden, welche Wirkungen diese verschiedensten Aktivitäten gehabt haben. Entsprechende Auswertungen liegen beispielsweise für die Wissenschaftsjahre des Bundesministeriums für Bildung und Forschung vor – und so wissen nun alle Beteiligten, dass die Wirkungen beispielsweise eines Wissenschaftsjahres der Physik sich nicht in den korrekten Antworten auf die repräsentative Umfrage nach Abschluss dieses Jahres erschöpfen, welchen präzisen Eindruck der Befragte nun von der Relativitätstheorie hat. So, wie vermutlich mehr Menschen nach den Reformationsfeierlichkeiten Ende Oktober 2017 etwas mit Luther verbinden werden, aber nicht präzise darüber Auskunft geben können, was für sie Rechtfertigung allein aus Gnaden bedeutet, wussten nach dem auf Albert Einstein enggeführten Jahr der Physik im Jahre 2005 bestimmt mehr Menschen Anekdoten über Einstein zu erzählen als präzise den Inhalt der Relativitätstheorie wiedergeben konnten.

Daher hilft an dieser Stelle ein weiterer Eindruck eines Beteiligten, gar ein energisches Votum für eine der unterschiedlichen Sichtweisen auf das Jubiläum, wenig. Allzu persönlich gefärbt wäre der Blick und vom Verdacht, gegen Kritik aus durchsichtigen Motiven zu argumentieren, schwer oder gar nicht zu befreien. Zudem schreibt hier auch kein Reformationshistoriker seine persönliche Auswertung eines Jubiläums aus fachwissenschaftlicher Perspektive, vielmehr schaut ein Theologe, dem reformatorische Theologie viel bedeutet, auf die vergangenen Jahre des Jubiläums und seiner Vorbereitung zurück und versucht, daraus Konsequenzen für die Zukunft abzuleiten. Daraus ergibt sich, dass hier keine gleichsam objektive Gesamtdarstellung vorgelegt wird: Der Autor dieses Buches hat im Rahmen des Jubiläumsjahres nicht nur an vielen Aktivitäten teilgenommen. Er hat auch in Beiräten mitgearbeitet, gemeinschaftliche Texte zur Reformation und ihrer Feier mitverfasst, Ausstellungen mitgeplant, Vorträge gehalten – und verfügt selbstverständlich weder über die Selbstironie, sein Engagement für weitgehend sinnlos zu erklären, noch über den Zynismus, Analoges über so viele andere Menschen zu schreiben. Vollständigkeit in der Übersicht über Veröffentlichungen und Veranstaltungen ist nirgendwo angestrebt. Eine um Objektivität bemühte Gesamtdarstellung ist aber für den Zweck des Buches auch gar nicht notwendig: Bald werden viele derjenigen Details der Feierlichkeiten, die Kontroversen auslösten, vergangen sein: Schon im September 2017 bot ein großes Berliner Kaufhaus in seiner Abteilung für Herrenmode die erwähnten kleinen Playmobil-Figuren des Reformators Luther im Rahmen des Sommerschlussverkaufs an, um die Lager zu räumen. Hier wird lediglich aus einem einzigen Grund Rückschau gehalten: um zu klären, was nach Ansicht des Autors aus dem Jubiläum für die nächsten Jahre zu lernen ist und welche Einsichten aus einer ganzen Dekade des Nachdenkens über identitätsbildende Grundlagen von Christentum und Kirche nicht aufgegeben werden können. Dass es vor allem um Zukunftsperspektiven geht, will die plakative Titelformulierung anzeigen: Mündet das Reformationsjubiläum in einen *Aufbruch* oder endet es in einer *Katerstimmung*?

Eine der Kontroversen aus den vergangenen Jahren ist für die Zukunft von erheblicher Bedeutung und wird deshalb auf den folgenden Seiten ausführlicher zum Thema gemacht werden: Immer wieder wurde in den vergangenen Jahren seit 2008 von den einen die gegenwartsorientierende Kraft der Reformationen des 16. Jahrhunderts beschworen, während die anderen auf die Abständigkeit und Fremdheit der damaligen Einsichten und Weltwahrnehmungen hingewiesen haben. Der Göttinger Reformationshistoriker Thomas Kaufmann formulierte seine Kritik an einer vorschnellen Identifikation gegenwartsrelevanter Elemente reformatorischer Theologie pointiert:

> „Luther wird von Theologen und Repräsentanten der evangelischen Kirchen immer noch völlig unhistorisch als Mensch behandelt, der für heutige Herausforderungen verbindliche theologische Lösungen anzubieten hat, der immer irgendwie schlauer ist als wir und immer das letzte Wort hat. Ich möchte mit Luthers Texten dagegen so umgehen, dass ich sie in ihrer Zeit verorte."

Gegen Ende des Jubiläums bleibt, wenn man solche Einwände ernst nehmen will, vor allem die Frage zu beantworten: Lässt sich mit Einsichten des 16. Jahrhunderts im 21. noch christliche Kirche gestalten und wenn ja, wie? Wird man vielleicht doch klüger, wenn man sich in rechter Weise an eine theologische und kirchliche Aufbruchsbewegung der frühen Neuzeit erinnert? Bertolt Brecht war ja der Ansicht, dass gerade die Verfremdung historischer Stoffe auf einer Bühne es den Menschen im Zuschauerraum ermögliche, in kritischer Distanz etwas zu lernen und sich außerhalb des Theaters anders zu verhalten als vorher. Insofern müssen sich gründliche historische Analyse und der Versuch, Konsequenzen für die Zukunft zu ziehen, ja gar nicht ausschließen.

Auf den folgenden Seiten wird daher die These vertreten, dass beide Eindrücke über die reformatorischen Bewegungen des 16. Jahrhunderts zutreffen – Luther und andere Reformatoren sind uns fern und nahe zugleich –, aber in einer ganz bestimmten, noch zu explizierenden Weise. Wenn man präzise zwischen solcher Fremdheit und Nähe differenziert bei einer Antwort auf die Frage, wie genau Einsichten des Reformationsjubiläums über die Reformation in den nächsten Jahren fruchtbar gemacht werden können, dann vermeidet man ein vorschnelles Votum entweder für einen radikalen Umbau evangelischer Kirche und Theologie oder für ein schlichtes Festhalten an dem, was sich einmal bewährt hat. Man kann auf diese Weise aber konkrete Ideen für das Handeln in den nächsten Jahren gewinnen.

Auf Fußnoten und gelehrte Nachweise wurde in diesem Essay verzichtet; im Rahmen des Jubiläums sind viele streng wissenschaftliche Veröffentlichungen erschienen, die solche Nachweise leicht auffindbar machen. Zitierte Formulierungen und Spitzensätze von Akteuren lassen sich leicht über das Internet auffinden. Dort sind auch diejenigen Vorträge und Diskussionspapiere archiviert, die der Verfasser selbst gehalten oder geschrieben hat und aus denen er für sein Buch gelegentlich zitiert oder paraphrasiert hat. Einige wenige Titel sind in einem abschließenden Literaturverzeichnis aufgeführt.

Der Verfasser dankt, bevor er die Arbeit an diesem Buch abschließt, zunächst seiner Lektorin Elke Rutzenhöfer, die das Buch angeregt und in so ansprechender Weise veröffentlicht hat. Er dankt aber dann auch den vielen Gemeinden und Gruppen, die mit ihm seine Vorträge im Rahmen der vergangenen rund zehn Jahre diskutiert haben, seine Predigten gehört und seinen Führungen durch Orte der Reformation gelauscht haben, insbesondere im Johanniter-Orden. Er nennt

Kolleginnen und Kollegen an den Universitäten, von deren Sichtweise der Reformationsgeschichte und ihrer handelnden Personen er besonders profitiert hat, auch wenn diese Epoche nicht sein eigenes Spezialgebiet ist: Eberhard Jüngel, Eilert Herms, Thomas Kaufmann, Volker Leppin, Lyndal Roper, Heinz Schilling, Dorothea Wendebourg, Michael Welker, aber auch Mitglieder der Regensburger Katholisch-theologischen Fakultät, die ihn im Jubiläumsjahr zu den Joseph Ratzinger – Papst Benedikt XVI.-Vorlesungen einluden, insbesondere Andreas Merkt, Tobias Nicklas, Harald Buchinger und Klaus Unterburger. Und er grüßt die vielen Mitstreiterinnen und Mitstreiter der Jubiläumsfeierlichkeiten, die er nicht nur im Fahrstuhl des „Luther-Hotels" in Wittenberg immer wieder einmal traf: Heinrich Bedford-Strohm, Markus Dröge, Thies Gundlach, Wolfgang Huber, Margot Käßmann, Jens-Martin Kruse, aber auch Karl Kardinal Lehmann, Walter Kardinal Kasper, Kurt Kardinal Koch, Annette Schavan und Thomas Söding. Zum guten Schluss dankt er einer Berliner Gemeindepfarrerin, die seine Rückblicke auf die vergangenen zehn Jahre ebenso wie seine Ideen für die Zukunft der Kirche aufmerksam, freundlich und kritisch mit ihm diskutiert hat: Eva Markschies.

Berlin, im August 2017 Christoph Markschies

Am Anfang war das Wort …
oder: Logo und Motto gesucht

Vermutlich gibt es kein gesellschaftliches und kein kirchliches Großereignis, über das nicht auch öffentlich munter gestritten wird. Ein sportliches Großereignis findet statt und sofort klagen Menschen über die Verschmutzung der Städte durch randalierende Fans, die Behinderung des öffentlichen Verkehrs durch Scharen von Reisebussen und fragen, warum die öffentliche Hand ein solches Ereignis mit Millionen subventioniert, statt dass die Eintrittspreise entsprechend angehoben werden. Bei jedem Kirchentag finden sich begeisterte Besucherinnen und Besucher ebenso wie scharfe Kritiker. Insofern überrascht es nicht, dass auch das Reformationsjubiläum 2017 begeisterte Zustimmung und schroffe Ablehnung auf sich gezogen hat. Manchmal zeigen sich bei solchen Großereignissen alle Schwierigkeiten gleich zu Beginn, manchmal wird aber auch gleich zu Beginn schon deutlich, was für Chancen in einem solchen Projekt liegen. Beides, Chancen wie Schwierigkeiten einer großen Feier anlässlich des Jahres 2017, wurden bereits bei der Suche nach einem Logo und einem Motto, das die vielfältigen geplanten Aktivitäten zusammenhalten sollte, deutlich.

Spuren solcher anfänglicher Debatten um den Inhalt der Feierlichkeiten finden sich immer noch im Netz: Wenn man die Adresse „www.luther2017.de“ im Internet eingibt, erscheint eine von der Staatlichen Geschäftsstelle Luther 2017 und der Geschäftsstelle der EKD für das Reformationsjubiläum gemeinsam verantwortete Homepage. Sie führt unter dem Leitwort „Reformationsjubiläum 2017. Staunen. Entdecken. Jubeln“ nicht nur die vielen Veranstaltungen des Jubiläums und der voraufgehenden Dekade seit 2008 auf, sondern stellt auch einen Spiegel der anfänglichen Diskussionen darüber dar, was man eigentlich feiern solle. Die Internetadresse zeigt, dass man ursprünglich ein „Luther-Jubiläum“ zur Erinnerung an den 500. Jahrestag des sogenannten Thesenanschlags am 31. Oktober 2017 feiern wollte, aber bald erkannte, dass eine rein auf die Person Luther und ein hinsichtlich seiner Historizität durchaus umstrittenes, gern heroisch verklärtes Ereignis konzentrierte Feierlichkeit zu kurz greifen würde. So sprach man auch zunächst von einer „Luther-Dekade“, die das Jubiläum ab 2008 vorbereiten sollte, später dann von einer „Reformations-Dekade“.

Schon der Blick auf die zehn Themen der Dekade macht deutlich, dass die Bezeichnung als „Reformations-Dekade“ die Inhalte weit besser traf – trotzdem heißt es beispielsweise auf einzelnen landeskirchlichen Homepages weiter unverdrossen: „Luther-Dekade“. Als inhaltlicher Focus für die vorbereitende Dekade wurden folgende Themen ausgewählt:

2008 *Eröffnung* (Erinnerung an den ersten Aufenthalt Luthers in Wittenberg im Herbst 1508)
2009 *Reformation und Bekenntnis* (500. Geburtstag Johannes Calvins, 75. Jahrestag der Barmer Theologischen Erklärung)
2010 *Reformation und Bildung* (450. Geburtstag Philipp Melanchthons)
2011 *Reformation und Freiheit*
2012 *Reformation und Musik* (800 Jahre Thomanerchor in Leipzig)
2013 *Reformation und Toleranz* (450 Jahre Abschluss des Konzils von Trient und 40 Jahre Leuenberger Konkordie)
2014 *Reformation und Politik*
2015 *Reformation – Bild und Bibel* (500. Geburtstag Lucas Cranachs des Jüngeren)
2016 *Reformation und die Eine Welt*
2017 *Reformationsjubiläum*

Die interessante Verbindung von thematischen Aspekten der Reformation und ihrer Folgewirkungen mit verschiedenen Jubiläen von Personen, Institutionen und Texten während der Dekade ist vergleichsweise einmalig in der Geschichte der Reformationsjubiläen und provozierte natürlich sofort die Frage, ob für eine so lange Vorbereitung und Vorfeier auch der lange Atem vorhanden sei. Mit Blick auf das letzte Jahr, das große Jubiläum 2016/2017, wird man diese Frage ohne langes Zögern bejahen können.

Das Programm der Dekade, die natürlich in unterschiedlicher Intensität gefeiert und mit Veranstaltungen ausgefüllt wurde – besonders reich war das kirchenmusikalische Angebot quer durch das ganze Land im Themenjahr „Reformation und Musik“ 2012, wenn der Eindruck nicht täuscht –, dokumentierte bereits, dass man beim Thema „Reformation“ nicht eine einzige Person feiern konnte. Neben Luther traten Calvin und Melanchthon, aber auch der Wittenberger Unternehmer und Malerfabrikant Lucas Cranach, und die Ausweitung machte deutlich, dass alle Anstrengungen zur Kirchenreform im 16. Jahrhundert ein Werk vieler Akteure aus unterschiedlichsten gesellschaftlichen Bereichen war.

Die Probleme der Feier eines reinen „Luther-Jubiläums“ zur Erinnerung an das Jahr 1517 beginnen, wie schnell deutlich wurde, schon beim Anlass der Feier, dem „Thesenanschlag“. Bekanntlich verbindet sich mit dem Stichwort „Thesenanschlag“ eine ganze Bildwelt mit dem hammerschwingenden Luther im Zentrum, die vor allem auf das 19. Jahrhundert zurückgeht, aber seither praktisch alle Jubiläen prägte. Unvergesslich ist eine entsprechende, komplett ahistorische, aber doch einprägsame Szene aus einem Spielfilm, der für das ZDF zum letzten einschlägigen Jubiläum, dem fünfhundertsten Geburtstag Luthers im Jahre 1983, produziert wurde: Während ein Priester unter gregorianischen Gesängen einen Kelch vom Altar in ein Sakramentshaus zurückträgt, hallen wuchtige Hammerschläge durch einen großen gotischen Kirchenraum.

In der nächsten Einstellung sieht man, wie Luther mit reformatorischer Energie ein Thesenblatt mit vier großen Nägeln an einer Tür festhämmert, an die ansonsten nur kleine Zettel angeheftet sind, die munter im Wind flattern. Die Vorstellung vom Hammer und vier großen Nägeln ist offenbar unausrottbar, war es nicht nur 1983, sondern auch in den Jahren vor dem Jubiläum 2016/2017. Der sprechende Ausdruck „Thesenanschlag“ tut ein Übriges, um solche Bilder im Bewusstsein zu halten. Natürlich waren schon sehr früh auch im Vorfeld des 500. Jubiläums 2017 die klassischen Einwände zu hören, nicht nur gegen die ahistorische Vorstellung, man habe im späten Mittelalter mit Hammer und Nagel Thesenpapiere an Türen genagelt (in einer großen Tageszeitung wurde 2014 von einem in Amerika lehrenden deutschen Neuzeithistoriker in einem langen Artikel darauf hingewiesen, dass zu diesem Zweck damals Wachs oder Reißzwecken verwendet wurden). Vielmehr erfolgte früh schon wissenschaftlicher Widerspruch gegen die Konzentration auf einen einzigen Menschen und auf einen einzigen, möglicherweise zunächst gar nicht besonders bedeutsamen oder sogar unhistorischen Akt an einem akademischen Anschlagbrett einer frisch gegründeten mitteldeutschen Reformuniversität (denn als solches diente die Haupttür der Wittenberger Schlosskirche hin zur Stadt). Reformationshistoriker wiesen darauf hin, dass erst im 18. Jahrhundert Luthers 95 Thesen zum Ablass, einem Appendix des Bußsakramentes, zur „Magna Charta“ einer Kritik an der Verkommenheit der Papst-Kirche stilisiert worden sind und es Luther ja eigentlich mit seinen Thesen um nichts weniger als um die Rettung der damaligen römisch-katholischen Kirche gegangen sei und zugleich um die Diskussion eines (wenn auch bedeutsamen) theologischen Problems.

Auf diese Kritik wurde, wie gesagt, bald reagiert: So entschloss man sich in Berlin und Hannover, statt eines *Luther*-Jubiläums ein *Reformations*-Jubiläum zu feiern, und benannte die zehnjährige Vorbereitungsphase um: Statt von einer

„Luther-Dekade“ war nun von einer „Reformations-Dekade“, statt vom „Luther-Jubiläum“ von einem „Reformations-Jubiläum“ die Rede. Natürlich wurde auch diese neue Akzentuierung der Feierlichkeiten wieder kritisiert: Nun beklagten Menschen „das Fehlen Luthers“ im Jubiläum („das Fehlen Luthers ist ein Fehler“), bemängelten das Programm des großen Kirchentags in Wittenberg und Berlin im Jahre 2017 wegen fehlender Veranstaltungen zum Wittenberger Reformator oder konstatierten eine mangelnde theologische Tiefe bei der Präsenz von Luther und seiner Theologie in den Feierlichkeiten: „Es fehlen ernsthafte Themen wie die Botschaft von Sünde, Schuld, Tod und Hölle, sowie Gottes Liebe und Gnade“, ließ sich ein prominenter Reformationshistoriker in einer Zeitschrift vernehmen, während er anderswo einer auf eben diese Themen eingehenden Darstellung des Rates der EKD vorwarf, auf derartige Termini theologischer Tradition zu rekurrieren, sei eine „antiliberale Absage an jede Legitimität einer ‚Umformung‘ des evangelischen Christentums, die seit dem 16. Jahrhundert eingetreten sein mag“. Ob nun zu viel Luther oder zu wenig Luther, ein zu wenig theologisch profilierter oder zu wenig theologisch liberalisierter Luther: Das gewählte Logo für die einheitliche Dachmarke *aller* kirchlichen wie staatlichen Aktivitäten machte bis zum Schluss der Feierlichkeiten im Herbst 2017 deutlich, dass ursprünglich ein auf Luther konzentriertes Jubiläum gefeiert werden sollte, und hielt den Wittenberger Reformator mindestens optisch präsent.

Denn die sogenannte Dachmarke „500 Jahre Reformation“ rückte eines der bekanntesten Porträts Luthers, von Lucas Cranach im Jahre 1528 gemalt und durch massenhafte Verbreitung zu einer Art Ikone des Reformators im kulturellen Gedächtnis geworden, in den Mittelpunkt – Luther als Gelehrter mit dem deutlich erkennbaren Barett und einem gegenüber dem Original Cranachs etwas nach unten verlängerten Universitätstalar unter Verwendung der drei Farben Schwarz-Rot-Gold. Dieses bekannte Porträt gehört nicht nur zu den am weitesten verbreiteten Darstellungen des Reformators, sondern wurde im Jubiläum auch auf unzähligen Buchumschlägen und Plakaten, als Illustration für Zeitungsartikel und Werbebroschüren verwendet. Die Buchstabenfolge „Luther 2017" fiel in der von der bekannten Werbeagentur Scholz & Friends entwickelten Dachmarke deutlich größer aus als die quasi als Untertitel wirkende Zeile „500 Jahre Reformation". Sollten die mit den demokratischen Aufbrüchen in Deutschland in den Jahren 1848, 1919 und 1949 verbundenen Farben Schwarz-Rot-Gold signalisieren, dass beim Jubiläum die Wirkungsgeschichte der Reformation nicht nur in den christlichen Kirchen, sondern auch in Politik, Kultur und Gesellschaft thematisiert werden sollte? Oder wurde hier erkennbar, dass es sich zugleich um ein Logo einer staatlichen Jubiläums-Kampagne handelte, die durch Bundestagsbeschlüsse aus den Jahren 2009 und 2011 sanktioniert worden war, und nicht nur um das einer kirchlichen Jubiläumsfeier?

Staatliche Feiern zum Reformationsjubiläum neben den kirchlichen Feiern haben Tradition in Deutschland: Selbst in der Deutschen Demokratischen Republik gab es zur Feier des fünfhundertsten Geburtstags von Martin Luther 1983 ein „Lutherkomitee der Evangelischen Kirchen in der DDR" und ein staatliches „Martin-Luther-Komitee der DDR" unter dem Vorsitz von Erich Honecker, die beide Veranstaltungen zum betreffenden Jubiläum vorbereiteten. Kirchenvertreter nahmen an den Sitzungen des staatlichen Komitees als Gäste teil, waren aber auf Abgrenzung sorgsam bedacht. Natürlich lässt sich die „Jubiläumskonkurrenz" zwischen Staat und Kirche in der DDR (ein Begriff der Berliner Reformationshistorikerin Dorothea Wendebourg) nicht mit der geordneten Kooperation in der Bundesrepublik vergleichen. Trotzdem gibt es erhebliche Unterschiede zwischen den Jubiläen von 1983 und 2017 auch im Westen Deutschlands: Während 1983 die staatliche Seite ausdrücklich nicht als Akteur auftreten wollte und an einem originär kirchlichen Jubiläum nur „beteiligt" sein wollte, beteiligten sich Bund und Länder an der Vorbereitung und Durchführung des Jubiläums 2017 sehr viel aktiver, allerdings auch mit einer eigenen Agenda. Ohne eine solche eigene Agenda mit eigenen Motiven hätten sich staatliche Stellen allerdings auch niemals bei der Feier eines zunächst einmal kirchlichen Ereignisses engagieren können. Am deutlichsten sichtbar wurden die Motive staatlichen Feierns in zwei Entschließungen des Deutschen Bundestages. Der zweite Beschluss zum Thema aus dem Jahre 2011 trug die Überschrift „Das Reformationsjubiläum im Jahre 2017 – Ein Ereignis von Weltrang" und war von über 60 Abgeordneten aus den vier Fraktionen der SPD, CDU/CSU, FDP und Bündnis 90/Die Grünen eingebracht worden. Aber schon in der vorangegangenen Legislaturperiode wollte man 2009 das „Reformationsjubiläum 2017 als welthistorisches Ereignis würdigen" und führte zur Begründung aus:

> „Die Reformation als ein zentrales Ereignis in der Geschichte des christlich geprägten Europas hat die Entwicklung eines Menschenbildes gefördert, das von einem neuen christlichen Freiheitsbegriff maßgeblich beeinflusst wurde. Sie war wichtig für die Ausbildung von Eigenverantwortlichkeit und die Gewissensentscheidung des Einzelnen. Damit konnten sich die Aufklärung, die Herausbildung der Menschenrechte und die Demokratie entwickeln. Durch die Reformation wird bis heute das religiöse Leben und die kulturelle Entwicklung in Musik, Kunst und Literatur entscheidend mitgeprägt. Die Übersetzung der Bibel durch Martin Luther ins Deutsche war zum Beispiel für die Entwicklung und Verbreitung der deutschen Sprache von wesentlicher Bedeutung."

Diesen Leitlinien einer breiten Mehrheit des Deutschen Bundestages schloss sich die Bundesregierung explizit bei ihrer Ausschreibung von Fördermaßnahmen an: „Die Bundesregierung will anlässlich des Reformationsjubiläums 2017 dazu beitragen daran zu erinnern, dass die Reformation zu den geistigen Wurzeln unseres Gemeinwesens gehört und gleichzeitig ihr Jubiläum eine große Chance zur lebendigen und aktiven Fortentwicklung der Demokratie eröffnet." Sie wies besonders auf die auswärtige Kulturpolitik als ein Feld entsprechender Maßnahmen hin, entsprechend wurden beispielsweise an drei verschiedenen Orten der USA unter Verantwortung deutscher Museen große Reformations-Ausstellungen gezeigt: New York, Minneapolis und Atlanta: „Here I Stand … Luther Exhibitions USA 2016."

Bemerkenswert ist, dass auch die staatlichen Entschließungen von Bundestag und Bundesregierung (wie viele kirchliche Texte) den Begriff der *Freiheit* ins Zentrum rückten und auf die bis heute anhaltende Wirkungsgeschichte einer reformatorischen Bestimmung der Freiheit abhoben. Diese Zentrierung auf „Freiheit" wurde durchaus auch vom Wissenschaftlichen Beirat, der gemeinsam mit einem Kuratorium und einem Lenkungsausschuss alle kirchlichen wie staatlichen Aktivitäten begleiten sollte, unterstützt. In den „Perspektiven", mit denen der Beirat unter seinem damaligen Vorsitzenden, dem Kieler Reformationshistoriker Johannes Schilling, Grundthesen für das Verständnis des Jubiläums im Jahr 2010 vorlegte, hieß es:

> „Angesichts dieses vielfältigen Befundes gilt es, auf dem Weg zum Reformationsjubiläum 2017 die Relevanz, die die Reformation weit über Theologie und Kirche hinaus für die unterschiedlichen Bereiche unserer gegenwärtigen Kultur besitzt, herauszustellen und nach deren Deutungspotential in einer von Individualisierung, Pluralisierung und Globalisierung bestimmten Zeit zu

> fragen. Solche Gegenwartsdeutung ist genuine Aufgabe eines historischen Jubiläums und stellt angesichts der Signatur des Protestantischen in der modernen westlich geprägten Kultur einen Beitrag zur Bewahrung wie zur Fortentwicklung der Identität dieser Kultur dar."

Auch der Grundlagentext „Rechtfertigung und Freiheit", den der Rat der EKD im Jahre 2014 veröffentlichte, beschrieb die Reformation als „ein Ereignis von weltgeschichtlicher Bedeutung", das „nicht allein Kirche und Theologie, sondern das gesamte private und öffentliche Leben verändert und bis in die Gegenwart (mit) geprägt" habe. Zwar sei der christliche Freiheitsbegriff, wie Luther ihn verstanden und geprägt habe, „nicht bruchlos mit einem neuzeitlichen Freiheitsverständnis zu identifizieren", aber er stehe doch „in enger Beziehung zur europäischen Freiheitsgeschichte". Neben dem Bildungsimpuls, der von der Reformation ausgegangen sei, habe diese Bewegung zudem „zur Ausbildung der modernen Grundrechte" und zu einem veränderten „Verhältnis von Kirche und Staat" beigetragen. Reformation habe, so lautete eine Spitzenformulierung des kirchlichen Dokumentes, ungeachtet aller Ambivalenz Luthers, die „zum Widerspruch herausfordert", Anteil an der Entstehung „des modernen Demokratieverständnisses" gehabt. Das Interesse an einer Gegenwartsdeutung bundesrepublikanischer Wirklichkeit – oder, wie eine Kritikerin bemerkte, die starke Konzentration auf die Verbindungen der Reformation zu solchen Errungenschaften der Moderne im demokratischen Verfassungsstaat auf deutschem Boden, die allgemein wertgeschätzt werden – kam aber auch in den Erläuterungen zum Logo der Dachmarke durch die Verantwortlichen gut zum Ausdruck.

Allerdings dürfte nur wenigen, die die Dachmarke betrachteten, aufgefallen sein, dass das bekannte Porträt Cranachs bewusst als Pixelgrafik verfremdet wurde, um damit

„die Aktualität des Themas ‚Reformation' zu illustrieren"; Gleiches gilt für die Nutzung einer eher traditionellen Schrifttype mit stark ausgebildeten Serifen für die Jahreszahl „2017", um dadurch „den historischen Bezug" des Jubiläums ebenso anzudeuten wie die Zukunftsorientierung durch serifenlose, zeitgenössischere Schrifttypen für die Worte „Luther. 500 Jahre Reformation". Schon die Dachmarke dokumentierte also den Anspruch der Feierlichkeiten auf angemessenen Traditionsbezug ebenso wie auf Zukunftsorientierung.

Verbunden mit dem Logo der Dachmarke war auch der Versuch, ein übergeordnetes *Motto* für die Feierlichkeiten zu entwickeln: Über dem gepixelten Cranach-Kopf Luthers und den Worten wie Zahlen stand in der Dachmarke ein biblischer Spruch aus dem Johannesevangelium, freilich in leicht modifizierter Form: Während in den heute käuflichen Lutherbibeln der Beginn des vierten Evangeliums lautet: *„Im* Anfang war das Wort" (und so auch in allen gedruckten Übersetzungen Luthers von 1522 an), wurde hier modifiziert zu *„am* Anfang".

Man konnte also darüber grübeln, ob tatsächlich der Bibelvers gemeint war oder vielleicht das biblische Wort insgesamt, das als gepredigtes mündliches Wort für Luther gerade in den Jahren 1517 bis 1520 eine zentrale theologische Rolle spielte, oder ob es vielmehr um das Wort in der Sicht Luthers gehen sollte, das in Gestalt seiner eigenen Thesen, Schriften, Predigten und sonstigen Texte am Anfang der Reformation stand. Gemeint war vermutlich von allem etwas. Bereits in den anfänglichen Debatten mit der Werbeagentur über die Präpositionen „im" und „am" zeigte sich, dass im Jubiläum Anwälte der historischen Texttreue (sie votierten natürlich für „im") und Anwälte der Allgemeinverständlichkeit (sie votierten natürlich für „am") miteinander ringen würden und der Grad des Einflusses der historischen Wissenschaften auf die Feierlichkeiten durchaus Anlass zu Kontroversen geben würde. Selbstverständlich wiederholten sich die Debatten mit der

Werbeagentur in öffentlichen Diskussionen über das gewählte Motto „Am Anfang war das Wort“.

Das Zeichen des gepixelten Luther unter dem leicht modifizierten Bibelspruch wurde als „Dachmarke“ präsentiert, um deutlich zu machen, dass hier dasjenige Logo des Jubiläums vorgestellt worden war, das alle Aktivitäten und ihre einzelnen Marken beziehungsweise Logos verbinden sollte. Der Satz „Am Anfang war das Wort“ wurde bei der offiziellen Präsentation der Dachmarke im Jahre 2011 in Berlin als überdimensionales Bücherregal in einer Kirche visualisiert. Die 18 einzelnen Buchstaben dieses großen, mit Büchern bestückten Regals wurden in 18 verschiedene Kirchengemeinden innerhalb Deutschlands geliefert. Die Füllung der verschiedenen Buchstaben-Regale sollte im Rahmen von Buchtauschaktionen ihren Weg zu verschiedensten Menschen machen, eine Art moderner Flaschenpost.

Obwohl es sicher gute Gründe gab, ein solches Regal zu bauen – hat doch die Erfindung des Buchdrucks erhebliche Bedeutung für die Ausbreitung der Reformation gehabt –, haben die 18 Buchstaben im Laufe der Dekade und der Feierlichkeiten bis zum 31. Oktober 2017 keine große Rolle mehr gespielt. Allzu professoral wirkte die von der bekannten Agentur entwickelte Idee, den reformatorischen Aufbruch als Buchregal darzustellen. Außerdem machte das Regal mit seinen Büchern nicht deutlich, dass es Luther ja zunächst beim Wort gar nicht auf die Buchstaben in einem gedruckten Buch ankommt, sondern auf das mündlich gepredigte Wort auf der Basis des gedruckten Textes. Schließlich ist mit dem „Wort“ im Johannesevangelium ja auch eine überaus lebendige Person gemeint, Jesus Christus. „Wort“ war ursprünglich in der reformatorischen Theologie nicht als zeitweiliger Speicher für Bücher, sondern vielmehr gerade umgekehrt Bücher als zeitweiliger Speicher für das lebendige Wort gedacht, wie ein Kritiker der Kampagne sogleich bemerkte. Kurz nach der Vorstellung der Dachmarke und der Regale für den Büchertausch

wurde der Kampagne auch vorgeworfen, dass hier die Gegenwartsbedeutung der Reformation zu wenig, die Orientierung an ihrer Ursprungsgestalt des 16. Jahrhunderts zu stark visualisiert worden sei. Leider fiel nur wenigen auf, dass das Regal gut hätte symbolisieren können, wie durch die reformatorischen Bewegungen das Wort für alle frei zugänglich werden sollte – so wie die Bücher des Regals im Büchertausch. In den Kirchengemeinden aber, in denen die Regale bis heute als Ort für diesen Büchertausch genutzt werden (wie beispielsweise in der Berlin-Steglitzer Patmos-Gemeinde), funktionieren sie sehr wohl als Zeichen dafür, dass die Erinnerung an die Reformation in den Jahren 2008 bis 2017 als großer geistiger Tauschplatz von Debatten über Gott und Welt gewirkt hat, um einen von Wolf Lepenies geprägten Ausdruck zu verwenden: Mitglieder von Gemeinden tauschen sich persönlich oder über eine entsprechende Plattform über ihre Leseeindrücke aus und schenken anderen Gemeindegliedern im Gegenzug auch neuen Lese- und Diskussionsstoff.

Während das Bücherregal und seine Buchstaben schnell aus dem öffentlichen Bewusstsein verschwunden waren, tauchte ab dem Jahre 2015 neben der kirchliche und staatliche Aktivitäten verbindenen Dachmarke ein weiteres Logo auf, in dem der Bezug auf ein *Reformations*-Jubiläum betont wurde und die ursprüngliche Idee eines auf eine einzelne Person konzentrierten *Luther*-Jubiläums nicht mehr zu erkennen war. Zu diesem neuen Logo kam es nicht zuletzt deswegen, weil ein auf *Luther* konzentriertes Jubiläums-Logo für andere europäischen Kirchen nur begrenzt verwendbar gewesen wäre: In der Schweiz beispielsweise hätte ein Luther-Signet mit den bundesdeutschen Farben eher Irritationen ausgelöst und dem Eindruck Vorschub geleistet, hier werde ein rein auf Deutschland konzentriertes Jubiläum gefeiert. Dabei war schon früh deutlich, dass die Reformationsbewegung dann sachgerecht im Blick auf einstige Entstehung und heutige Wirkung gefeiert wird, wenn „Europa reformata" thematisiert wird: Unter diesem Titel wurde von der „Gemeinschaft der Europäischen Kirchen Europas" (GEKE) schon 2012 ein Wettbewerb um den Titel „Reformationsstadt Europas" organisiert und eine Fülle von Städten proklamiert. In einer Art Reiseführer, der zum Jubiläum 2016 erschien und von Michael Welker, Michael Beintker und Albert de Lange herausgegeben wurde, werden 48 Orte von Antwerpen bis Zürich mit ihrer Reformationsgeschichte vorgestellt und 72 Personen porträtiert, die diese lokalen Reformationsgeschichten jeweils geprägt haben (Europa Reformata. Reformationsstädte Europas und ihre Reformatoren, Leipzig 2016). Für ein so europäisch angelegtes Jubiläum war die deutsche Dachmarke mit dem stilisierten Luther nur begrenzt brauchbar.

Das neue, europäisch wie international verwendbare Erkennungszeichen des im Jahre 2015 vom Deutschen Evangelischen Kirchentag (DEKT) und der EKD gegründeten Vereins „Reformationsjubiläum 2017" mit Sitz in Wittenberg kombiniert ein stilisiertes grünes Kreuz mit einem ebenso stilisierten roten Buchstaben „r". Das „r" führt, je nach Sichtweise,

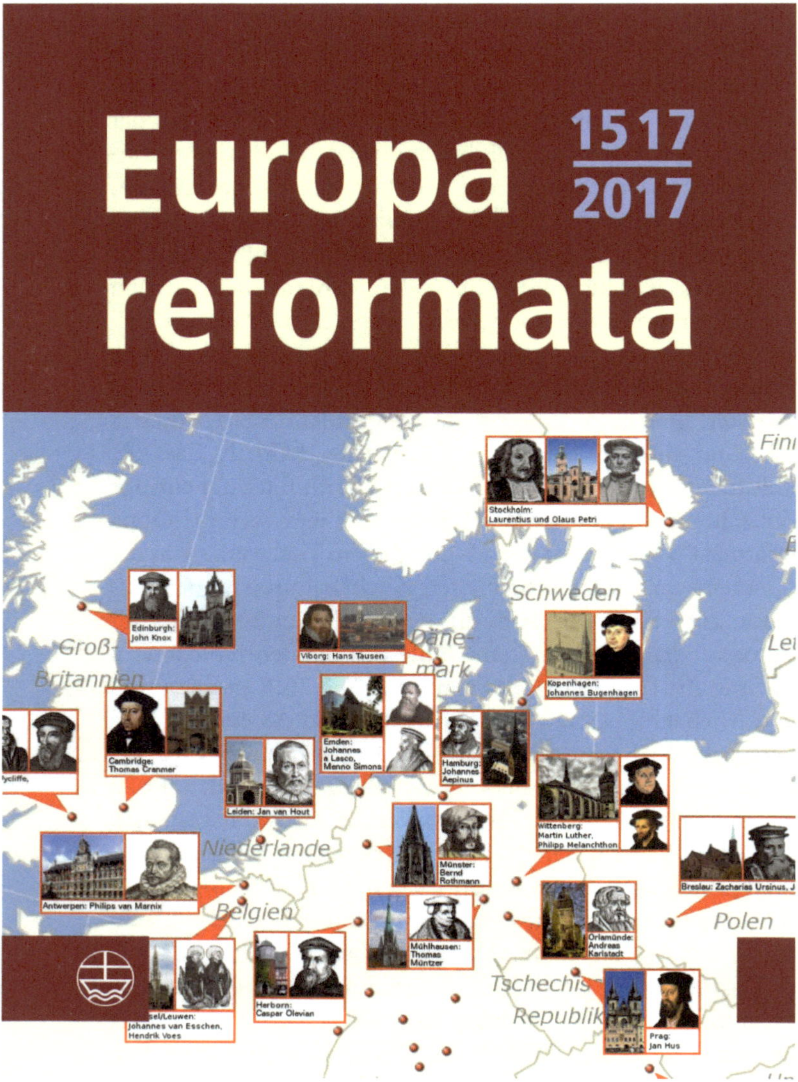
Europa reformata
1517
2017
Stockholm: Laurentius und Olaus Petri
Schweden
Edinburgh: John Knox
Groß-
Britannien
Viborg: Hans Tausen
Däne-
mark
Kopenhagen: Johannes Bugenhagen
Cambridge: Thomas Cranmer
Emden: Johannes a Lasco, Menno Simons
Hamburg: Johannes Aepinus
Leiden: Jan van Hout
Wittenberg: Martin Luther, Philipp Melanchthon
Breslau: Zacharias Ursinus,
Niederlande
Münster: Bernd Rothmann
Antwerpen: Philips van Marnix
Belgien
Mühlhausen: Thomas Müntzer
Orlamünde: Andreas Karlstadt
Polen
Johannes van Esschen, Hendrik Voes
Herborn: Caspar Olevian
Republik
Prag: Jan Hus

aus dem Kreuz heraus oder eben von der Peripherie in den Fuß des Kreuzes. Der Verein „Reformationsjubiläum 2017" war gegründet worden, um die kirchlichen Großveranstaltungen zum Reformationsjubiläum zu koordinieren, also vor allem den Europäischen Stationenweg, die „Weltausstellung der Reformation", die „Kirchentage auf dem Weg" im Rahmen des 36. Deutschen Evangelischen Kirchentags sowie die diversen Feste und Festgottesdienste in Wittenberg. Das Logo des Vereins sollte diese Projekte verbinden, das in ihm enthaltene „r" als kleiner Buchstabe Modernität ausdrücken und zugleich bescheiden für allerlei groß dimensionierte Projekte stehen; es stammte von einer weniger bekannten, aber durchaus erfolgreichen Agentur im Osten Berlins mit dem schönen Namen „Ressourcenmangel an der Panke".

Vermutlich dürfte nur wenigen Menschen aufgefallen sein, dass das Logo mit der – allerdings auch nur Eingeweihten bekannten – Tatsache spielte, dass erst seit dem 18. Jahrhundert durch die Differenzierung zwischen dem französischen Wort „la réforme" und dem lateinischen Wort *reformatio* eine bestimmte (Kirchen-)Reformbewegung des späten Mittelalters aus der Menge der kirchlichen, religiösen und politisch-gesellschaftlichen Reformbewegungen hervorgehoben worden war. Das Logo bringt die sprachlich aus den Reformen isolierte Reformation als eine von allen Reformen hinsichtlich ihrer Bedeutung unterschiedene Reformation gleichsam wieder zurück in die Reihe der Reformen. Es ist nicht Luther-zentriert, für reformierte Christenmenschen akzeptabel und zugleich auch im europäischen wie internationalen Kontext bestens verständlich. Zudem variiert es das in der Schweiz verwendete Logo, ohne es zu kopieren:

Vermutlich wurde gerade wegen der allgemeinen Verständlichkeit darauf verzichtet, zum Logo des Vereins „Reformationsjubiläum 2017" eine so bedeutungsschwere Erklärung mitzuliefern wie zum gepixelten Luther der Dachkampagne mit seinem variierten Bibelsatz „Am Anfang war das Wort“.

Das – chronologisch betrachtet – jüngste allgemein verbreitete Logo des Jubiläums sollte, wie bereits angedeutet, für die drei großen nationalen Reformationsausstellungen in Berlin, auf der Wartburg und in Wittenberg werben. Drei stilisierte Hämmer in den Farben Cyan, Magenta und Gelb wurden durch den Hinweis auf die „volle Wucht der Reformation“ in den Ausstellungen ergänzt – das Corporate Design für die Kampagne Hammer, das von der Berliner Agentur „kleiner und bold“ entwickelt worden war, wurde übrigens gleich mit drei renommierten Design-Preisen ausgezeichnet.

DIE VOLLE WUCHT
DER REFORMATION
3xHAMMER.DE

Mit dem Einfall, auf den volkssprachlichen Satz „Das ist ja der Hammer“ anzuspielen, sollte kommuniziert werden, dass es gelungen war, drei große Ausstellungen zusammenzustellen, die nicht nur Luther und die religiöse wie kirchliche Lage im 16. Jahrhundert illustrieren, sondern auch die vielfältigen Bezüge auf die Reformation in den folgenden Jahrhunderten im In- und Ausland. Ungeachtet aller bereits erwähnten Kritik an der Verwendung eines für Thesenanschläge im 16. Jahrhundert absolut ungebräuchlichen Werkzeugs machte der dreifache Hammer im Logo zugleich darauf aufmerksam, wie sehr in der Rezeptions- und Transformationsgeschichte der Reformation der Hammer zum Bild Martin Luthers gehörte – wie viele Bilder zeigen die Figur eines Max Schmeling mit Luthermaske, der mit wuchtigen Hammerschlägen das Mittelalter und die katholische Kirche dazu zum Einsturz bringt. So galten alle drei Ausstellungen mindestens immer auch der Rezeption und Transformation der Ereignisse des 16. Jahrhunderts in folgenden Epochen bis auf den heutigen Tag – den weitesten Blick riskierte die Berliner Ausstellung im Martin-Gropius-Bau, dem

Ausstellungshaus des Bundes. Dort fand unter Verantwortung des Deutschen Historischen Museums die Ausstellung „Der Luthereffekt“ statt, in der die globalen Wirkungen der Reformation Thema waren, exemplarisch erläutert an Objekten aus Schweden, den USA, Südkorea und Tansania. Auf der Eisenacher Wartburg wurde eine zweite Sonderausstellung zum Thema „Luther und die Deutschen“ gezeigt, in deren Mittelpunkt die Frage stand, wie jede Epoche deutscher Geschichte ihr jeweils ganz eigenes Lutherbild prägte. Natürlich war auch die Burg selbst mit ihrer qualitätvollen, lange Zeit vernachlässigten Ausstattung aus dem 19. Jahrhundert ein Ausstellungsobjekt, an dem man gut verschiedene Formen der Aneignung und Distanzierung von Luthers reformatorischem Wirken studieren konnte. In Wittenberg wurde unter dem Titel „Luther! 95 Schätze – 95 Menschen“ die dritte Ausstellung gezeigt, die in sprechenden Objekten nicht nur Gegenstände aus dem Leben und der Zeit des Reformators, sondern beispielsweise auch das Harmonium eines berühmten lutherischen Theologieprofessors des 20. Jahrhunderts präsentierte. Im Grunde also markierten die Hämmer sehr präzise Nähe und Distanz der Luther-Bilder zu dem, was gegenwärtig als „historischer Luther“ dargestellt wird. Und trotzdem erschien manchen Kritikern die Distanz im Logo nicht genügend markiert.

Ein Blick auf die Dachmarke und die anderen Logos zeigt gleichsam im Brennglas, wie kontrovers von Anfang an die Ausrichtung des Jubiläums war: Sollte ein Luther- oder vielmehr ein Reformationsjubiläum gefeiert werden? Sollte primär eines historischen Ereignisses nach den Standards der Geschichtswissenschaft gedacht werden oder die Gegenwartsbedeutung eines vergangenen Ereignisses sichtbar gemacht werden? Sollten Staat und Kirche gemeinsam eine Feier unterstützen oder sollte doch stärker einer Trennung zwischen Staat und Kirche Rechnung getragen werden? War ein eher deutsches Jubiläum zu feiern oder eine international wirksame

Bewegung auch in einem europäischen, ja weltweiten Rahmen zu erinnern? Schließlich stellte sich von Anfang an die Frage, wie viel Marketing und Event ein mindestens auch kirchliches Jubiläum einer von Theologen ausgelösten Kirchenreformbewegung vertragen könne, wie viel Selbstironisierung eine kirchliche Kampagne sich leisten dürfe („3 x Hammer").

Entsprechend spiegeln sich in den verschiedenen hier vorgestellten Logos, ihrer Geschichte und ihrer Kritik bemerkenswerte Züge einer Luther- beziehungsweise Reformationsdekade und der abschließenden Feier eines Reformationsjubiläums: Staat und Kirche haben sowohl gemeinsam wie auch getrennt vorbereitet und gefeiert. Staat und Kirche haben aber auch gemeinsam erhebliche Finanzmittel für diese Feier aufgebracht: Für die Förderung waren ab 2011 jährlich mindestens rund fünf Millionen Euro aus dem Bundeshaushalt vorgesehen, die im Wesentlichen über die Beauftragte für Kultur und Medien der Bundesregierung in einem wettbewerblich orientierten Verfahren vergeben worden sind, dazu kamen namhafte Mittel aus den Haushalten der Bundesländer. Mit diesen staatlichen Geldern und zusätzlichen Spendenmitteln sind viele Reformationsstätten baulich saniert und für ihre gegenwärtige Nutzung bedarfsgerecht ausgestattet worden, darunter bedeutende Kirchen wie die Wittenberger Stadtkirche St. Marien und die Schlosskirche, aber auch die Eislebener St. Andreas- und die Petri-Pauli-Kirche, das dortige Augustinerkloster, das Erfurter Augustinerkloster und die Kaufmannskirche St. Gregor, die Eisenacher Stadtkirche St. Georgen und die Wartburg, die Stadtkirche St. Peter und Paul in Weimar, das Mansfelder Schloss und seine Kapelle, die dortige Stadtkirche St. Georg, Schloss Hartenfels und die Schlosskirche in Torgau, die Lutherhäuser in Eisleben, Eisenach und Wittenberg, das Bugenhagen- und das Melanchthonhaus in Wittenberg und schließlich die dortigen Cranach-Häuser: Eine Fülle wichtiger Baudenkmale ist mit Mitteln des Bundes und der Länder restauriert und teilweise vor dem Verfall gerettet worden. Bei der Schlosskirche in Wittenberg beteiligten sich an der Restaurierung der Innenausstattung des historischen Umbaus übrigens neben Staat und Kirche auch eine ganze Reihe von kirchlich engagierten Privatpersonen wie Friede Springer oder Arend Oetker, die eine eigene Förderinitiative aufbauten und namhafte Beträge zusammenbrachten. Die dänische Königin Margrethe II. stiftete zur Erinnerung an die Reformationsgeschichte ihres eigenen Landes einen prächtigen, von ihr selbst entworfenen und auch zum Teil selbst bestickten Altarbehang für die Schlosskirche zu Wittenberg, das rote Parament für die großen Feste und so auch das Reformationsfest.

Zusätzlich zu den drei genannten großen nationalen Sonderausstellungen wurden kleinere und größere Ausstellungen gefördert, beispielsweise zu dem Zeitzer Bischof Julius Pflug, einem gelehrten Ökumeniker, und dem Dialog der Konfessionen im 16. Jahrhundert und heute (Museum Schloss Moritzburg, Zeitz), zu „Luther und die Fürsten. Selbstdarstellung und Selbstverständnis des Herrschers im Zeitalter der Reformation“ (Ausstellung der Staatlichen Kunstsammlungen im Schloss Hartenfels, Torgau), „Umsonst ist der Tod. Alltag und Frömmigkeit am Vorabend der Reformation in Deutschland“ (Gemeinschaftsprojekt der Mühlhäuser Museen, des Stadtgeschichtlichen Museums in Leipzig und des Kulturhistorischen Museums Magdeburg), „Eine starke Frauengeschichte. 500 Jahre Reformation“ (Ausstellung der Staatlichen Schlösser, Burgen und Gärten Sachsen im Schloss Rochlitz), „Frauen der Reformation in der Region“ (Wanderausstellung der Evangelischen Frauen in Mitteldeutschland), „Ritter, Bauern, Lutheraner. Bayerische Landesausstellung 2017“ (Ausstellung des Hauses der Bayerischen Geschichte, der Coburger Landesstiftung und der Stadt Coburg in der Veste Coburg), „Cranach und die Kunst der Hohenzollern“ (Stiftung preußische Schlösser und Gärten Berlin-Brandenburg), „Cranach der Jüngere 2015. Landesausstellung Sachsen-Anhalt“ (Stiftung Luthergedenkstätten Sachsen-Anhalt, Dessau, Wittenberg,

Wörlitz), „Cranach in Thüringen 2015" (Wartburg-Stiftung, Herzogliches Museum u.a., Eisenach, Erfurt, Gotha, Weimar), „Cranach. Meister – Marke – Moderne" (Museum Kunstpalast und Technische Hochschule Köln, Museum Kunstpalast Düsseldorf), „Luther. Worms 1521" (Ausstellung im Museum Heylshof, Worms), „Luther, Kolumbus und die Folgen. Weltbildwandel im 16. Jahrhundert" (Ausstellung im Germanischen Nationalmuseum, Nürnberg), „Martin Luther und das Judentum" (Wanderausstellung einer Arbeitsgruppe der Evangelischen Kirche Berlin-Brandenburg-schlesische Oberlausitz und des Touro-College, Berlin), „Leben nach Luther. Eine Geschichte des Evangelischen Pfarrhauses" (Deutsches Historisches Museum, Berlin), „Martin Luther im Nationalsozialismus" (Stiftung Topographie des Terrors und Gedenkstätte Deutscher Widerstand, Berlin) sowie „Luther und die Avantgarde. Zeitgenössische Kunst" (Wittenberg, Berlin und Kassel), aber auch zu einzelnen Kunstwerken wie dem „Gothaer Tafelaltar", ein monumentales Bilderbuch biblischer Szenen mit katechismusartigen Sprüchen in Retabelform aus dem Kontext der württembergischen Reformation, die sich heute im Herzoglichen Museum in Gotha auf Schloss Friedenstein befindet. Bis zu einem gewissen Grad kann man auch die große Ausstellung „Die Päpste und die Einheit der Lateinischen Welt. Antike – Mittelalter – Renaissance" im Mannheimer Reiss-Engelhorn- und Zeughaus-Museum, an deren Vorbereitung und Durchführung sich zeitweilig die Vatikanischen Museen beteiligten, zu diesem bunten Strauß von Jubiläumsausstellungen rechnen.

So vielfältig, wie neben die Dachmarke unterschiedliche weitere Logos für einzelne Aktivitäten, aber durchaus auch für ganze Gruppen von Veranstaltungen und Veranstalter traten, waren auch die Versuche, ein Motto für bestimmte Formate zu entwickeln. Neben das Motto der Dachkampagne trat bereits auf der erwähnten Homepage „www.luther2017.de" ein weiteres Motto: „Reformationsjubiläum 2017. Staunen. Entdecken. Jubeln." Dazu kam das Motto „Reformation heißt, die Welt zu hinterfragen" des Vereins „Reformationsjubiläum 2017" zum „Reformationssommer 2017", aber auch „Gott neu entdecken. Reformation seit 1517" (Evangelische Kirche in Hessen und Nassau), „Einfach frei: Evangelisch sein – einfach frei sein" (ein Projekt der Evangelischen Kirche in Westfalen) und „Ich bin vergnügt, erlöst, befreit. Reformation. Im Rheinland. Seit 1517" (die Kampagne der Evangelischen Kirche im Rheinland mit einem Vers aus einem Gedicht von Hanns Dieter Hüsch [1925–2005]), „... da ist Freiheit. 2. Kor. 3,17. 500 Jahre Reformation" (Evangelische Landeskirche in Württemberg) und manches andere mehr.

Wieder fällt beim Blick auf solche Motto-Formulierungen auf, wie stark Reformation mit dem Begriff „Freiheit" und dem zugehörigen Verb „frei werden" verbunden ist. Gelegentlich wurde auch mit Frage- und Mottosätzen geworben, deren Bezug zu reformatorischen Botschaften des 16. Jahrhunderts nicht sofort ersichtlich war:

Über Plakat-Kampagnen, Motto-Formulierungen und über Werbekommunikation im Allgemeinen lässt sich bekanntlich trefflich streiten. Das gilt natürlich auch für ein Werbeplakat mit einem Riesen-Seehund, der eine Weltkugel mit Regenbogen erfolgreich balanciert, die von einem etwas klein geratenen Menschen mit altmodischem Fernrohr angeschaut wird.

Was der eine als ironisches Spiel mit einem Zauberkunststück im Zirkus und als gelungenen Blickfang für die Weltausstellung loben wird, scheint dem anderen eher eine Banalisierung von Weltproblemen und den Versuchen, zu ihrer Lösung beizutragen. Man muss auch mindestens darauf hinweisen, dass andere Slogans der Kampagne für den Reformationssommer 2017 weniger umstritten waren, beispielsweise die Frage „Kann ich vorausschauen, indem ich zurückblicke?“.

Ob allerdings der Ratschlag eines bekannten Politikberaters an die evangelischen Kirchen zu allgemein überzeugenderen Formen von Werbekommunikation im Reformationsjubiläum geführt hätte (Erich Flügge, Luther feiern ohne Luther zu sein? – Scheiß Idee!, 2017), darf man bezweifeln: Man kann ja schlecht nach dem Motto „Sei wie Luther!" (nämlich latent zum Streit um die Wahrheit aufgelegt und durchaus etwas starrsinnig) in Fußgängerzonen plakatieren: „Wer den Sinn seines Lebens nur aus sich selbst zieht, dem gnade Gott."

Die unterschiedlichen Logos und verschiedenen Motto-Formulierungen machen sichtbar, welche unterschiedlichen Erwartungen sich mit dem Jubiläum 2017 von Anfang an verbunden haben. Unterschiedlichen Absichten auf Seiten derer, die für die Veranstaltungen und das Jubiläum verantwortlich waren, standen sehr unterschiedliche Erwartungen in der kirchlichen und allgemeinen Öffentlichkeit, in der Wissenschaft und in den Medien gegenüber, die sich niemals hätten alle gleichzeitig befriedigen lassen – weder mit einer bestimmten Kampagne, einem Logo und einem Motto noch mit einer generellen Linie in den Veranstaltungen und sonstigen Formaten.

Man muss diese Vielfalt und Vielstimmigkeit, die sich auf allen Seiten gezeigt hat, aber nicht als Problem begreifen. Sie ist eher Normalität der Welt, in der ein Jubiläum gefeiert wurde.

Kann es denn zu Beginn des 21. Jahrhunderts überhaupt noch eine einzige Meistererzählung über Geschichte und Gegenwartsbedeutung der Reformation geben? Kann der kirchliche wie gesellschaftliche Pluralismus mit Hilfe einer gemeinsamen Erinnerung an die Reformation noch einmal auf eine letztendliche, gar für alle verbindliche Einheit reduziert werden? Ist es wahrscheinlich, dass in einer hochgradig differenzierten Gesellschaft einheitliche Erwartungen im Blick auf die Erinnerung an historische Zusammenhänge mit Gegenwartsrelevanz bestehen?

Die Fragen stellen, heißt, sie zu verneinen. Die Spannbreite der Erwartungen spiegelte schon bei der Vorbereitung des Jubiläums die Pluralität zeitgenössischer Wissenschaft wie Gesellschaft. Wie stark die Erwartungen divergierten, sieht man beim Blick auf die Extreme: Die einen bezweifelten, dass man Luther überhaupt feiern dürfe, wenn man ihn (schon 1983 dank der Forschungen von Heiko Augustinus Oberman, jetzt besonders durch Arbeiten von Thomas Kaufmann) als frühneuzeitlichen Antisemiten wahrnehmen gelernt hat, um von anderen seiner Ressentiments zu schweigen. Andere wiesen darauf hin, dass durch die Betonung der Gegenwartsbedeutung und Relevanz *der* Reformation verdeckt werden könnte, dass es sich um eine „uns heute zutiefst fremde Welt" handelt, die als solche vor Augen zu stellen ist: „fremd und in vielem schwer begreiflich aufgrund ihrer ganz anderen politischen und rechtlichen Institutionen, mehr noch durch Glaubens- und Denkstrukturen, die nicht mehr die unsrigen sind" (so der Berliner Neuzeithistoriker Heinz Schilling).

Selbstverständlich wurde in Zeiten postmoderner Dekonstruktion auch bestritten, dass es überhaupt *eine* Reformation gegeben habe, die man in einem Reformationsjubiläum feiern könne.

Immer wieder und zuletzt 1995 in munterem Streitgespräch geführte Diskussionen über die Einheit und Vielfalt dessen, was gern abgekürzt „*die* Reformation" genannt wurde, brachen daher erneut auf: Worin besteht das, was so unterschiedliche Personen wie Calvin, Luther und Zwingli verbindet, so unterschiedliche Bewegungen wie die Reformationen in Basel, Bern, Königsberg, Nürnberg und Wittenberg? Als man 1983 den fünfhundertsten Geburtstag von Martin Luther feierte, hatte man es insofern leichter, als die Konzentration auf die Person durch den Anlass der Feier gegeben war und wissenschaftlich bedacht werden konnte.

Eine kleine Gruppe um den damaligen Vorsitzenden des Vereins für Reformationsgeschichte, den Göttinger Kirchenhistoriker Bernd Moeller, bereitete das Jubiläum seit 1978 vor. Ein Kollege Moellers, der damalige Heidelberger Kirchenhistoriker Gottfried Seebaß, prägte gleichsam ein internes Leitwort für die Arbeit mit der Formulierung „ein Luther ohne Goldgrund". Im Germanischen Nationalmuseum in Nürnberg fand eine große, vom Verein mitverantwortete Sonderausstellung unter dem Titel „Martin Luther und die Reformation in Deutschland" statt, deren Katalog als Kompendium zum Thema angelegt war und die damals angesehensten kirchen- und allgemeinhistorischen Fachvertreter in einträchtiger Zusammenarbeit versammelte. Die Hamburger Kunsthalle bot unter der Leitung des (katholischen) Kunsthistorikers Werner Hofmann zunächst eine kleine, konzentrierte Schau „Köpfe der Luther-Zeit" und dann die umfangreiche Ausstellung „Luther und die Folgen für die Kunst". Schon damals wurde allerdings in Zeitungen diskutiert, ob man wirklich das unvergesslich intensive Blau eines Gemäldes von Yves Klein als „Folge" Luthers „für die Kunst" erklären könne und solle. Fernwirkungen historischer Ereignisse oder geistesgeschichtlicher Ideen eindeutig zu identifizieren, ist eben schwer – nicht nur im Blick auf Reformbewegungen des 16. Jahrhunderts.

Hofmann hatte sich seinerzeit dafür entschieden, einfach auszustellen, was ihm für eine Diskussion der Frage nach den Folgen anschauungswürdig erschien. Daneben gab es 1983 eine große Ausstellung im Alten Museum in (Ost-)Berlin, „Kunst der Reformationszeit", deren Kuratoren sich um eine von marxistischer Historiographie abgehobene, nüchterne kunsthistorische Präsentation bemühten und auf diese Weise die begrenzte Reichweite des weltanschaulichen Konfliktes zwischen „bürgerlicher" und „marxistischer" Geschichtsschreibung der Reformationszeit dokumentierten. So bot schon das Jubiläum 1983 plurale Blicke auf eine Person, eine Zeit und auf das, was man damals noch selbstverständlich „*die* Reformation" nannte. Der Trend zur Pluralisierung der historischen

Bilder, aber auch der Erwartungen an ein Jubiläum und der Stile, es zu feiern, hat sich sicher in den rund 30 Jahren seit dem letzten Jubiläum noch einmal deutlich gesteigert.

Aber ist der Hinweis darauf, dass die Vielfalt des Protestantischen schon im 16. Jahrhundert begonnen hat, und die Anwendung wohlfeiler Kritik an einem vorgeblichen Wesen von Dingen schon das letzte Wort zum theologischen wie kirchlichen Aufbruch am Ende des Spätmittelalters und seinen enormen Wirkungen bis heute? Kann sich eine evangelische Kirche damit zufrieden geben, dass natürlich gilt: „Luther gehört uns nicht" (Stephan Schaede)?

> „Ich höre bei Luther 2017 immer nur Kirche und Staat: Kirchenmusik – staatliche Orchester, kirchliche Freiheit – politische Freiheit, kirchliche Macht – staatliche Gewalt, religiöse Bildung – Schulbildung … Das verstehe ich nicht. Luthers Geist mag zwar ‚zweier Zeiten Schlachtgebiet' (Conrad Ferdinand Meyer) gewesen sein. Zweier Reiche Schlachtgebiet war er aber nie. Die ‚Zwei-Reiche-Lehre' ist eine Erfindung der theologischen Lutherinterpretation. Luther selbst kennt sie nicht. Er ist nicht für Reiche. Denn ihn hat das gesellschaftliche Leben in seiner ganzen Vielfalt beschäftigt."

Blickt man noch einmal auf die verschiedenen Leitworte und Logos, auf das Motto und Logo der Dachkampagne „Am Anfang war das Wort", so wird deutlich, dass man beim Jubiläum 2017 selbstverständlich mehr wollte als nur von Kirche und Staat reden, von Luther und den Wirkungen seines Bekenntnisses zur Freiheit im demokratischen Verfassungsstaat unserer Tage. Es wird sichtbar, dass bei der Feier eines religiösen Ereignisses, die vom Staat mitfinanziert wurde, neben Kirche und Theologie natürlich auch viel von der Gesellschaft als Ganzen zu reden war. Die Reformation hätte sich schlecht angemessen feiern lassen, ohne auf die Gesellschaft als Ganze zu blicken und sie zur Mitfeier einzuladen. Denn einerseits verbreitete sich die strenge Differenzierung zwischen einer religiösen und einer davon streng unterschiedenen nichtreligiösen öffentlichen Sphäre erst lange nach dem 16. Jahrhundert. Andererseits kann die Kirche sich ja nicht auf die Zuständigkeit für das individuelle Seelenheil beschränken und alle Konsequenzen für die Gesellschaft ignorieren – sie konnte das nicht im 16. Jahrhundert und sie kann es auch nicht im 21. Jahrhundert.

Wissenschaftliche Kontroversen und ökumenische Perspektiven

Das Reformationsjubiläum 2017 und seine Vorbereitung waren durch verschiedene öffentlich ausgetragene Kontroversen begleitet, aber auch durch eine ebenso beeindruckende öffentliche Dokumentation von neuen ökumenischen Perspektiven. Beides ist wenig überraschend und zeigt, dass Jubiläen in einem öffentlichen Raum stattfinden und entsprechenden Gesetzen folgen. Jubiläen – darauf hat beispielsweise während des Reformationsjubiläums der Münchener Theologiehistoriker Friedrich Wilhelm Graf immer wieder hingewiesen – sind natürlich *auch* politische Ereignisse, insofern bestimmte Akteure ein Interesse daran haben, bestimmte Bilder von Vergangenheit und Gegenwart zu kanonisieren, bestimmte Normen durchzusetzen und für die eigenen institutionellen Zusammenhänge zu werben. Es wäre naiv anzunehmen, dass ausgerechnet für das Reformationsjubiläum 2017 solche Mechanismen nicht einschlägig gewesen sein sollten. Man versteht entsprechend die Debattenlage um das Reformationsjubiläum auch nicht, wenn man sich nicht verschiedene Kämpfe um Deutungshoheiten im deutschen Protestantismus und in der wissenschaftlichen wie gesellschaftlichen Diskussion wenigstens kurz vor Augen führt. Erst ein solcher Blick kann deutlich machen, warum beispielsweise auch die Forderung einer konsequenten Historisierung der Reformationsbewegungen, die gern als Absage an alle kirchliche Geschichtspolitik formuliert wird, in Wahrheit natürlich ebenfalls eine ganz bestimmte

Form von Theologie- und Geschichtspolitik darstellt. Dazu kommt, dass unter Bedingungen einer Kommunikationsgesellschaft, in der jede Äußerung sofort die Chance hat, über Massenmedien verbreitet zu werden, sich unterschiedlichste Jubiläumsfeiern in bestimmten Punkten immer stärker annähern und gleichförmig ausfallen. Zu diesen Punkten gehört, dass Deutungskonflikte um das Jubiläum und seinen Anlass ungleich stärker in der allgemeinen Öffentlichkeit ausgetragen werden als in voraufgehenden Jahrhunderten.

Mediale Dauerpräsenz wenig überzeugender Aktivitäten und Deutungskonflikte über den Anlass der Feierlichkeiten hat bereits im Zusammenhang des großen Goethe-Jubiläums 1949 Erich Kästner in einem höchst ironischen Text unter dem Titel „Das Goethe-Derby" aufgespießt:

> „Die deutsche Kultur und die umliegenden Dörfer halten den Atem an. Es kann sich nur noch um Sekunden handeln. Da! Endlich ertönt der Startschuss! Die Federn sausen übers Papier. Die Rotationsmaschinen gehen in die erste Kurve. Die Mikrophone beginnen zu glühen. Ein noch gut erhaltener Festredner bricht plötzlich zusammen. Das Rennen hat begonnen: das Goethe-Derby über die klassische 200-Jahr-Strecke! Das olympische Flachrennen! Ein schier unübersehbares, ein Riesenfeld! (Hinweis für den Setzer: Vorsicht! Nicht Rieselfeld!) Ein Riesenfeld! Was da nicht alles mitläuft."

Mit einer langen Liste von (vermutlich nicht einmal erfundenen) Titeln zeigt Kästner, wie unterschiedlichste Gruppen sich selbst anlässlich des Goethe-Jubiläums in Beziehung zum Olympier aus Weimar setzen und ein bestimmtes Bild in der Öffentlichkeit lancieren wollten, darunter: „Goethe als Christ", „Goethe als Atheist", „Goethe als Junggeselle" (Kästner blieb zeitlebens Junggeselle). Banalitäten („Goethe und die Feuerwehr") stehen neben anspruchsvollen Versuchen („Spinozas Einfluss auf Goethes Pantheismus"). Kästner ironisierte auch schon die – wie man heute sagen würde – Merchandising-

Artikel: „Davids Goethe-Büste für den gebildeten Haushalt! Der Goethe-Büstenhalter, Marke Frau von Stein, in jedem Fachgeschäft erhältlich! O Mädchen, mein Mädchen, die Schallplatte des Jahres! Goethe-Tropfen erhalten Sie bis ins Alter jung und elastisch." Wenn schon Erich Kästner das bunte Potpourri von „der falschen Feierlichkeit bis zur echten Geschmacklosigkeit" ironisierte, obwohl ihm schon im Frühjahr 1949 durchaus deutlich gewesen sein dürfte, welche bedeutsamen Ereignisse in diesem Jahr noch stattfinden würden (man denke nur an die bewegenden Auftritte von Thomas Mann im Sommer 1949 in Frankfurt und Weimar), wäre es merkwürdig, wenn ausgerechnet ein Reformationsjubiläum sich an diesen Punkten kategorial von allen anderen Jubiläen der jüngeren Vergangenheit unterscheiden würde.

Öffentlich ausgetragene Kontroversen um Jubiläen und ihren Inhalt gehören zu Jubiläen unter den Bedingungen einer modernen Kommunikationsgesellschaft wie mehr oder minder geschmackvolle Merchandising-Artikel. Interessanter ist, worüber man eigentlich streitet und wer streitet, bemerkenswerter, worin man sich ungeachtet aller Debatten einig ist. Darum soll es im Folgenden gehen. Wenn der Eindruck nicht täuscht, zeigen sich in den Kontroversen, die das Reformationsjubiläum 2017 begleiteten, mehrere sich überlagernde Auseinandersetzungen um Macht und Einfluss in Kirche und Wissenschaft. Um sie einigermaßen zu verstehen, müssen diese Auseinadersetzungen wenigstens knapp skizziert werden. Es liegt nahe, mit der universitären Theologie zu beginnen, weil nahezu alle evangelischen (und katholischen) Geistlichen in Deutschland durch ein Universitätsstudium gehen und Positionen zu diesen Debatten in ihre Gemeinden weitergeben. Dann spielte sicher auch eine mehr untergründige Debatte zwischen den konkurrierenden Ansprüchen von Theologie und Geschichtswissenschaft eine Rolle, auf die im Folgenden einzugehen ist. Schließlich geht es auch um die Stellung von Theologie in der Kirche und Kirche sowie Theologie in der Gesellschaft sowie um das Verhältnis von Kirche und Staat.

Wenn man zu Beginn ganz grob einen Überblick über die theologische Debattenlage der letzten Jahre zu geben versucht, so ist vor allem eine Beobachtung einschlägig: In den letzten Jahren hat sich eine Konfliktkonstellation vom Anfang des 20. Jahrhunderts bis zu einem gewissen Grade wiederhergestellt. Diese Konfliktkonstellation kann man, wenn man stark vereinfacht und alle Differenzierungen abblendet, so beschreiben: *Auf der einen Seite* steht eine Theologie, deren Vertreterinnen und Vertreter sich selbst vor allem in den Traditionen des Berliner Theologen Schleiermacher sehen. Man spricht gern mit einem Begriff des neunzehnten und frühen 20. Jahrhunderts von „liberaler Theologie“: Hier geht es darum, die geistige Signatur der Neuzeit und insbesondere der europäischen Aufklärung und des dadurch ausgelösten Prozesses der Umformung des Christentums ernst zu nehmen. Die reformatorischen Bewegungen haben – jedenfalls in der Sicht dieser theologischen Tradition – auf eine eigenständige, neuzeitliche Form des Christentums geführt, das kategorial mit anderen spätmittelalterlichen Reformbewegungen gebrochen hat und auch gegenüber der römisch-katholischen Form des Christentums einen neuen Typus darstellt. An die Stelle der Zugehörigkeit zu einer hierarchisch geordneten Kirche mit verbindlichen Glaubensüberzeugungen sei der freiwillige Zusammenschluss von Menschen getreten, deren Glauben und religiöse Praxis ausschließlich dem eigenen Gewissen verpflichtet sei. Luther, so formuliert Thomas Kaufmann, habe mit seiner Betonung des allgemeinen Priestertums aller Glaubenden eine gleichsam „kopernikanische Wende“ auf dem Feld der Religion hin zur Neuzeit ausgelöst. Insofern wird in dieser theologischen Richtung sehr stark die Notwendigkeit gesehen, Luther und andere Reformatoren des 16. Jahrhunderts von ihren mittelalterlichen, katholischen „Eierschalen“ zu befreien, beispielsweise die angeblich „widernatürliche" Ehe zwischen Augustinus und Luther zu lösen (eine Formulierung, die – wie übrigens auch die Rede von der „Umformung des Christentums" – auf den zutiefst nationalsozialistisch kontaminierten Göttinger Theologen Emanuel Hirsch zurückgeht). Als ein besonders belastendes augustinisches Erbe des einstigen Augustiner-Mönches Luther (aber auch des von Augustinus tief geprägten Johannes Calvin) gilt dieser Denkrichtung insbesondere die Vorstellung, der Mensch finde sich ohne sein persönliches Zutun zunächst als Sünder wieder, der sein Leben lieber auf sich selbst bezogen führen wolle als aus der Gewissheit heraus, dieses Leben Gott zu verdanken. Oft ist in dieser Richtung an die Stelle der klassischen Rede von einem Handeln Gottes am Menschen deren anthropologische Reformulierung getreten, gern in den Bahnen der Schleiermacherschen Wendung von einer vorfindlichen schlechthinnigen Abhängigkeit des Menschen. Das „Woraufhin" dieser Abhängigkeit, das der Berliner Pfarrer Schleiermacher in späteren Jahren noch umstandslos mit „Gott" identifiziert, verschwindet bei manchen, die ihm heutzutage folgen wollen, eher – zugespitzt formuliert – im Loch einer Leerstelle, die die Religionskritik seit dem 19. Jahrhundert im Blick auf den klassischen Theismus zurücklässt. Hier geht es aber nicht einfach darum, dass nun die Theologie (wie bestimmte religionskritische Philosophien) Gott für tot erklärt, sondern um ein radikales Ernstnehmen der philosophischen Gründe für den modernen Agnostizismus und Atheismus. Entsprechend war im Reformationsjubiläum aus dieser Richtung immer wieder zu lesen, dass eine reine Repristination der Anthropologie Luthers, die den Menschen als vor Gott unfrei und allein auf seine Gnade angewiesen stilisiert, für einen modernen Menschen entweder unverständlich oder inakzeptabel sei. Der Schriftsteller Friedrich Christian Delius spitzte diese Position im Reformationsjahr 2017 in einer Streitschrift sogar soweit zu, dass er in der augustinischen Vorstellung von der Sünde den Grund dafür sah, „warum Luther die Reformation versemmelt hat". Der in der literarischen Fiktion seines Textes mit Luther Bier trinkende Autor Delius redet seinen Gesprächspartner Luther entsprechend kritisch an:

> „Ihre größte Sünde, um es mal zuzuspitzen, Sie haben ja auch immer gern zugespitzt, ist meiner Ansicht nach, dass Sie sich selbst immer als Sünder und alle Menschen grundsätzlich als Sünder gesehen haben und den Begriff der Sünde und Erbsünde nie in Frage gestellt und deswegen Ihre ganze schöne Reformation versemmelt haben, wie man sagen müsste, wenn man dem Volk aufs Maul schaut heutzutage, meinetwegen auch vergeigt oder verkorkst. Was sie alles reformiert haben oder reformieren wollten, ist bekannt, aber kaum jemand, ich vermute, nicht einmal Sie selber, hat darüber nachgedacht, dass Sie immer ein kreuzbraver Augustiner gewesen und geblieben sind ... Ein unkritischer Nachbeter des alten Augustinus, wenn ich das sagen darf, bis hin zur irrwitzigsten seiner Theorien, der Erfindung der Erbsünde. Auch die haben Sie geschluckt, haben sich gern in Sündengefühlen und Sündenbegriffen gesuhlt, genüsslich die Abscheu vor Teufel und Hölle ausgemalt. Jedes menschliche Handeln war und ist auch für Sie mit Sünden behaftet, und Sie haben diese Theorie noch verschärft, weil sie Ihnen offenbar unverzichtbar war, weil sie gebraucht wurde als Baustein für Ihre Rechtfertigungs- und Gnadentheorie. Echte, also informierte, kritische Protestanten, selbst wenn sie nur halb so protestfreudig sind, wie Sie einst waren, könnten Ihnen vorhalten, mit Ihrer unkritischen Haltung zu Augustinus und seiner Erbsünde auf halbem Weg des Reformierens stehen geblieben zu sein. Ja, es gäbe für gewissenhafte Reformatoren, die nicht alles auf Adam und Eva schieben wollen, noch viel zu tun. Also, wundern Sie sich nicht, wenn man Ihnen morgen die Nachricht bringt, an der Schlosskirche in Wittenberg sei eine 96. These zu lesen: Weil Luther von seinem Augustinus nicht loskam, hat er die Reformation vergeigt."

Auf der anderen Seite steht in der genannten Konstellation eine Theologie, die eher (aber nicht ausschließlich) von der Tradition des reformierten Theologen Karl Barth und seiner lutherischen Schüler geprägt, mindestens von ihr beeinflusst ist.

Man charakterisiert sie gern als „Offenbarungstheologie“, weil hier am Beginn allen theologischen Nachdenkens die Erkenntnis steht, dass Gott sich Menschen in Wort, Werk und Person Jesu Christi mitgeteilt hat und Theologie diese in der Bibel bezeugte Offenbarung daher als ihren Ausgangspunkt zu nehmen hat. Die verschiedenen Spielarten einer „Offenbarungstheologie“ (gelegentlich auch: „Wort-Gottes-Theologie“) bildeten lange eine Art Mainstream-Theologie in der Evangelischen Kirche und ihren theologischen Beratungsgremien, sind dies allerdings längst nicht mehr im Konzert der deutschen Theologischen Fakultäten. Die Vertreterinnen und Vertreter dieser Theologie glauben, dass weiterhin klassische Grundelemente reformatorischer Theologien Menschen anzusprechen und mit der Hilfe des Heiligen Geistes zu überzeugen vermögen – auch ohne radikale Umformung und tiefgreifende Veränderung vor dem Hintergrund des neuzeitlichen Bewusstseins. Das gilt insbesondere von der Vorstellung, der Mensch werde von Gott allein aus Gnade gerecht gesprochen und ihm im Glauben ein neues Leben geschenkt, zunächst hier auf Erden und dann auch nach seinem Tode. Theologinnen und Theologen dieser zweiten Richtung betonen gern, dass die Ansichten eines Luther oder Calvin in der Tradition biblischer, antiker und mittelalterlicher Autoren stehen, die bestimmte theologische Topoi der reformatorischen Theologien bereits weitgehend vorgeprägt haben (wie der Apostel Paulus mit seiner Rede von der alles bestimmenden Macht der Sünde die entsprechenden Gedanken bei Augustinus und Luther). Sie glauben daher auch nicht, dass man diese Traditionslinien kappen muss, um eine implizite Modernität der Theologie Luthers freizulegen, die ihm selbst noch gar nicht bewusst war. Die „Offenbarungstheologie“ hat die in der „Liberalen Theologie“ vollzogene programmatische Wende weg von den klassischen Aussagen über Gott hin zu Aussagen über den Menschen bewusst nicht mitvollzogen, weil sie zwar die Herausforderung durch den Atheismus ernst nimmt, aber deswegen nicht darauf verzichtet, Gott das erste (und auch das letzte) Wort in der Theologie zuzubilligen. Insofern fällt es denen, die dieser zweiten theologischen Richtung zuneigen, nicht schwer, die klassische Sündenlehre als Rede von der radikalen Gottvergessenheit und absoluten Selbstbezogenheit des Menschen erneut zu formulieren.

Viele kirchliche Stellungnahmen und kirchenamtliche Texte zum Reformationsjubiläum waren von dieser zweiten Form von Theologie geprägt. Das führte zu deutlicher Kritik an solchen Texten von Menschen außerhalb dieses theologischen Mainstreams, einerseits aus Kreisen derer, die sich eher der „liberalen Theologie" zurechnen: So wurde beispielsweise dem Grundlagentext „Rechtfertigung und Freiheit" des Rates der EKD aus dem Jahre 2014 vorgeworfen, hier sei eine „antiliberale Absage an jede Legitimität einer ‚Umformung' des evangelischen Christentums, die seit dem 16. Jahrhundert eingetreten sein mag", formuliert. Andererseits hielten Kritiker aus eher evangelikalen Zusammenhängen den Versuch, die reformatorische Rechtfertigungslehre nicht radikal mit Blick auf ein „neuzeitliches Wahrheitsbewusstsein" umzuformen, sondern lediglich sprachlich leicht modernisiert mit wenigen Korrekturen zu reformulieren, für einen Verrat am authentischen Luther. Sie bemängelten Abstriche bei der Vorstellung von der göttlichen Inspiration des biblischen Textes und bei der klassischen Vorstellung von einem Gericht nach den Werken und darauf folgenden Höllenstrafen. Diese Kritik aus eher evangelikalen Zusammenhängen zeigt, dass die beiden hier als alternative Positionen porträtierten Theologien, die „Liberale Theologie" in der Tradition Schleiermachers und eine „Offenbarungstheologie" in der Tradition Barths, einander gelegentlich näher sind, als dies in den theologiepolitischen Auseinandersetzungen um Berufungen an Universitäten und in polemischen literarischen Texten den Anschein hat, ungeachtet aller klaren Unterschiede. Dazu muss man nur auf systematische Theologen wie Eberhard Jüngel in Tübingen oder den ehemaligen Ratsvorsitzenden Wolfgang Huber in Berlin hinweisen, unter dem die Planungen für das Reformationsjubiläum begonnen haben und die Reformationsdekade feierlich eröffnet wurde. Beide haben die Feiern auf ihre Weise geprägt: So geht sicher die starke Akzentuierung des Begriffs „Freiheit" bei allen kirchlichen Versuchen, Inhalte reformatorischer Theologien für die Gegenwart zu reformulieren, nicht zuletzt auf Jüngel und Huber zurück: Jüngel hat früh an Luthers Schrift von der Freiheit eines Christenmenschen erinnert und präzise nach den Pointen des dort entfalteten Verständnisses von Freiheit und Bindung gefragt; Huber hat seine Leitlinien notwendiger Reformprozesse innerhalb der evangelischen Kirchen früh unter das Stichwort „Kirche der Freiheit" gestellt und diese Freiheit theologisch, von Gott her, konturiert:

> „Dies ist keine Freiheit, die dadurch geprägt ist, dass sie alles Mögliche für gleich gültig erklärt. Sondern es ist eine Freiheit, die sich ein Mensch von Gott schenken lässt, um sie im Verhältnis zu sich selbst wie im Eintreten für seinen Nächsten zu bewähren. Sie erhebt sich aus der Gefangenschaft allen Machens und Schaffens. Sie lässt sich nicht durch uns selbst verbürgen, durch unsere Fähigkeiten, Finanzen oder Freunde; sondern sie verdankt sich der Güte Gottes ... Dies ist der Kern aller christlichen Glaubensfreiheit: Sie ist Freiheit von der Sünde und Freiheit zum Gotteslob; sie ist in Gottes Gnade und Barmherzigkeit gegründet, in Christi Sterben und Auferstehen offenbar, in der Heiligen Schrift bezeugt und im Glauben ergriffen."

Beide Genannten wollen aber nicht die Konflikte des frühen 20. Jahrhunderts repristinieren, beide greifen vielmehr als Offenbarungstheologen die particula veri der anderen Position auf und machen Einsichten aus der zweiten Hälfte des 20. Jahrhunderts theologisch fruchtbar. Jüngel bezieht sich immer wieder auf Schleiermacher und Huber hat versucht, kulturtheologische Impulse der „Liberalen Theologie", die die Wechselwirkungen zwischen Religion und Kultur betont, aufzunehmen, und trotzdem auch die Differenzen deutlich markiert:

„Aus diesem Impuls entsteht die Kraft zu einer kulturellen Gestaltung, für die sich die Bezeichnung des Protestantismus eingebürgert hat. Bis zum heutigen Tag ist deutlich, dass der reformatorische Impuls mit diesen kulturellen Wirkungen zusammengehört. Deshalb achten wir auch wieder neu auf lebendige, sich immer wieder erneuernde kulturelle Gestaltungsformen evangelisch geprägter Kultur. Es ist bekannt, in welch vielfältigen Formen sich die reformatorische Tradition, auch in Gestalt des evangelischen Pfarrhauses, insbesondere auf Literatur und Musik ausgewirkt hat. Die Erneuerung dieses konstruktiven Verhältnisses zwischen Glaube und Kultur gehört zu den Hoffnungszeichen unserer Gegenwart. Zugleich kann der reformatorische Impuls so wenig auf einen Kulturprotestantismus reduziert werden, wie es angeht, das Christentum auf ein bloßes Kulturchristentum zu verengen."

Beide miteinander konkurrierenden Richtungen – „Liberale Theologie und „Offenbarungstheologie" – sind sich also ungeachtet aller Differenzen in manchen Punkten näher, als es auf den ersten Blick scheint. Daher werden beide Positionen gelegentlich auch gemeinsam als zwei Theologien betrachtet, die in (wenn auch unterschiedlicher Weise) auf die Aufklärung reagieren und sich dadurch von allen anderen Theologien vor dem 17. Jahrhundert unterscheiden. Eine solche Sichtweise liegt der hoch voraussetzungsreichen Unterscheidung zwischen Alt- und Neuprotestantismus zugrunde, die der Berliner Religionsphilosoph Ernst Troeltsch Anfang des 20. Jahrhunderts vorgenommen hat: Alle Theologie vor der Aufklärung ist altprotestantisch, alle danach neuprotestantisch. Wenn man allerdings beide theologischen Richtungen so zusammennimmt, marginalisiert man die beschriebenen fundamentalen Unterschiede oder erhebt mindestens implizit den Vorwurf, in der „Offenbarungstheologie" würden die Einsichten der europäischen Aufklärung nicht ernstgenommen. Für eine deutliche Unterscheidung beider Richtungen spricht auch, dass sich die Konkurrenzkämpfe um die Deutung der Reformation, die im Hintergrund mancher Kontroversen der Jubiläumsjahre standen, nicht erst anlässlich des Jubiläums entzündet haben.

Zu den Kämpfen um die Deutungshoheit zwischen den hier vereinfacht dargestellten theologischen Lagern aber kam überraschenderweise ein weiterer Streit um die Deutungshoheit zwischen (einigen) Historikern und (einigen) Theologen, deswegen überraschend, weil beim letzten Jubiläum zum fünfhundertsten Geburtstag Luthers 1983 Historiker, Kirchenhistoriker und Theologen noch einträchtig gemeinsam an einem Strang zogen, wie der als Kompendium angelegte erwähnte Katalog der Nürnberger Reformationsausstellung im Germanischen Nationalmuseum zeigt. Welche unterschiedlichen Sichtweisen standen hinter diesen Auseinandersetzungen? Thomas Kaufmann und Heinz Schilling, also ein Kirchen- und ein Allgemeinhistoriker mit jeweiligem Schwerpunkt auf der Reformationsgeschichte, konstruierten in einem programmatischen Beitrag aus dem Jahre 2014 eine klare Alternative zwischen einem „dogmatischen Geschichtsbild der Reformation“ einerseits, das historische Anschauung für die bis auf den heutigen Tag bewegende Kraft der evangelischen Konfession liefern soll und einen einheitlichen Kern einer reformatorischen Botschaft quer durch alle reformatorischen Bewegungen festhalten möchte, und einem durch strenge Geschichtsforschung erarbeiteten Bild kirchlicher, theologischer, politischer und gesellschaftlicher Veränderungen im 16. Jahrhundert andererseits. Aufgabe von Theologie und Kirche sei es, nicht die dogmatischen Bilder der reformatorischen Theologie vergangener Zeiten zu wiederholen, sondern sich zunächst einmal auf die Pluralität gegenwärtiger Reformationsgeschichtsforschung und auf ihr aufbauender Reformationsdeutung einzulassen. Auch Friedrich Wilhelm Graf warb für eine strenge Unterscheidung von *Geschichtsforschung* als einer permanenten Um- und Neuschreibung von Geschichte, *Geschichtsdeutung* als einer zusammenhängenden Deutung von Ergebnissen der Geschichtsforschung und *Geschichtspolitik*, die eine der verschiedenen, notwendig pluralen Geschichtsdeutungen aus welchen Gründen auch immer verbindlich machen will. Freilich war Graf so ehrlich, darauf hinzuweisen, dass selbst die basale Geschichtsforschung immer positionell geprägt ist, von einem je eigenen „Sehepunkt", wie der Erlangener Aufklärungstheologe und Historiker Martin Chladenius plastisch formuliert (Graf zitiert ihn).

Mit diesen kritischen Hinweisen auf Grundstrukturen historischer Arbeit verband sich in den entsprechenden Debatten im Jubiläum gern der auf den ersten Blick reichlich postmoderne Hinweis, dass es unmöglich sei, die Vielfalt der Bilder von reformatorischen Bewegungen noch in einer einheitlichen Bewegung „die Reformation" zusammenzufassen und eine einzige, zeitlos gültige Meistererzählung über den Reformator Martin Luther zusammenzustellen. Von einer Entdeckung solcher Zusammenhänge erst in der Postmoderne kann man allerdings nicht sprechen, ein bekannter Kirchenhistoriker hat schon vor fast hundert Jahren festgestellt: „Es gibt so viele Luthers, als es Luther-Bücher gibt." Und entsprechend bilanzierte die Berliner Kirchenhistorikerin Dorothea Wendebourg zu Beginn einer umfassenden Analyse von Luther- und Reformations-Jubiläen des neunzehnten und 20. Jahrhunderts: „Es gibt ‚so viele Luthers' und so viele Reformationen, wie es Reformationjubiläen, ja, wie es Jubiläumsträger gibt."

Freilich widersprachen der von einzelnen Historikern vorgetragenen Analyse, zwischen dem normierten Bild einer Theologie der Reformation in kirchlichen Texten und der bunten Fülle von Geschichtsbildern in den historischen Wissenschaften klaffe ein unüberbrückbarer, garstiger breiter Graben einer kategorialen Differenz von historischer und dogmatischer Methode, bald nicht nur Theologinnen und Theologen. Sowohl in den historischen Wissenschaften als auch in der Kirche wird die Vielfalt unterschiedlicher Deutungen begrenzt. Man könnte sogar sagen: Das ureigene Geschäft von historischer Wissenschaft wie Kirche besteht darin, zwischen legitimer Vielfalt einerseits und schlechter historischer Wissenschaft oder Theologie andererseits zu unterscheiden. Für beide Differenzierungsprozesse gibt es eingeführte Methoden und Verfahren in beiden institutionellen Zusammenhängen. Im einen Fall – in den Geschichtswissenschaften – wird die Fülle durch den Konsens der scientific community begrenzt, wie er sich unter anderem in Rezensionszeitschriften, Förder- und Berufungsentscheidungen abbildet, im anderen Fall durch den „umfassenden Konsens“ (*magnus consensus*) der dazu berufenen kirchlichen Gemeinschaft (also der Synode), die bestimmt, was als legitimer Teil reformatorischer Theologie akzeptiert werden kann und was nicht. Es unterscheiden sich wohl Mechanismen und Kriterien der Begrenzung von Vielfalt, aber nirgendwo – weder in den historischen Wissenschaften noch in der Theologie – gibt es schrankenlose, unbegrenzte Pluralität, sondern stets geordneten und nach Kriterien eingehegten Pluralismus. Pluralismus darf nicht mit Monotonie einer selbst ernannten Orthodoxie verwechselt werden: So wie man nicht eine bestimmte theologische Schule zur Norm einer ganzen Kirche erklären kann (beispielsweise eine einzige, ganz bestimmte Auslegung der reformatorischen Theologie Wittenberger Tradition), so wird auch kein verantwortlicher Historiker seine eigene Geschichtsdeutung mittels Geschichtspolitik allein verbindlich machen wollen. Die Frage, worin eigentlich die Einheit eines historischen Phänomens jenseits aller pluralen Strukturen besteht, also die Frage, was „*die* Reformation“ zu einer Einheit macht, obwohl erhebliche Unterschiede zwischen der Wittenberger, Züricher und Genfer Bewegung, zwischen marginalisierten Gruppen wie den sogenannten Täufern und ihren Kritikern oder zwischen sogenannten oberdeutschen Bewegungen um Martin Bucer und der Wittenberger Reformation um Martin Luther bestanden, wurde schon lange vor dem Jubiläum 2017 und vor dem Siegeszug postmoderner Kritik an der Essentialisierung von Dingen kontrovers diskutiert – nämlich seit dem 16. Jahrhundert selbst, als beispielsweise Luther und Zwingli, Calvin und Luther, aber auch Bucer und Luther miteinander um Gemeinschaft und also Einheit rangen. Selbstverständlich gilt diese Beobachtung auch für einzelne Personen, ja für Luther selbst: Er ist, wie Thomas Kaufmann einmal sehr pointiert festgehalten hat, auch ein gebrochener Mensch gewesen: „Er ist dauernd überfordert gewesen, denn er hat immer wieder Lösungen für Probleme finden müssen, die sich im Zuge der Reformation ergeben haben, und zwar selbst wenn es keine einfachen Lösungen geben konnte. Daher hat Luther experimentieren müssen." Und gleichzeitig ist er auch ganz ohne Brechung von bestimmten, einmal gefundenen organisatorischen Lösungen und theologischen Weichenstellungen so überzeugt gewesen, dass er lange Jahre seines Lebens bei diesen Lösungen und Weichenstellungen blieb. Er war ein übler Polemiker vor dem Herrn, grob und rücksichtslos, und zugleich äußerst sensibel, feinfühlig, voller herzlicher Zuneigung.

Auf vielen Ebenen stellt sich also das Problem der Einheit in der Vielfalt, für Geschichtswissenschaft wie für Theologie. Entsprechend gab es im Jubiläumsjahr beides: Auf der einen Seite wurde die Vielfalt der Bilder von Luther betont und die Pluralität der Erzählungen über den Beginn der Reformation, auf der anderen Seite rekonstruierten zwei unterschiedliche kirchliche Texte, die aus recht unterschiedlichen theologischen Milieus stammten, die Entwicklung der Theologie Luthers in den Jahren nach 1517 überraschend identisch: Der von einer Ad-hoc-Kommission für den Rat der EKD vorbereitete Grundlagentext „Rechtfertigung und Freiheit" betonte wie auch die von der lutherisch/römisch-katholischen Kommission für die Einheit verfasste Studie „Vom Konflikt zur Gemeinschaft“, dass man Luthers Einsichten zur Rechtfertigung des Sünders allein aus Gnaden nicht verstehen kann, wenn man nicht darauf sieht, wie der Wittenberger Professor seit 1517 bei der theologischen Analyse der Sakramente (sie erfolgt in kleinen Traktaten und gipfelt 1520 in der Schrift von der babylonischen Gefangenschaft der Kirche) die schöpferische Kraft des mündlich Menschen zugesprochenen biblischen Gotteswortes wieder und wieder bedenkt. Wenn über einem Menschen Gottes Wort „Dir sind deine Sünden vergeben“ ausgesprochen wird, sind ihm die Sünden vergeben – so lautet der im Kern ganz und gar auf den spätantiken Kirchenvater Augustinus, Luthers Ordensheiligen und Patron seiner Wittenberger Fakultät, zurückgehende Gedanke, den Luther entfaltet. Im Papier „Rechtfertigung und Freiheit“ wurde daher jene Fassung der reformatorischen Allein-Formulierungen gewählt, die neben „allein Christus“, „allein die Gnade“, allein der Glaube“ und „allein die Schrift“ auch eine fünfte Formulierung „allein durch das Wort“ enthält. Eine solche Beobachtung macht deutlich, dass es während des Reformationsjubiläums neben kontroversen Debatten auch überraschende Konsense und neue Einigkeit gab, nicht nur im Blick auf die Ökumene, sondern auch bei der Rekonstruktion der theologischen Anfänge der Reformation.

Ungeachtet aller Einigkeit gab es natürlich differente Sichtweisen. Eine Differenz in der Akzentuierung spielte mindestens zu Beginn des Jubiläums im Verhältnis zwischen Geschichtswissenschaft und Theologie eine größere Rolle: die unterschiedlichen Antworten auf die Frage nach der Bedeutsamkeit der reformatorischen Bewegungen für Christentum, Kirche und Gesellschaft im 16. Jahrhundert. Der Berliner Reformationshistoriker Heinz Schilling hatte 1998 pointiert für die Geschichtswissenschaft davon gesprochen, dass „die Reformation abhanden gekommen sei“. Er formulierte mit diesen Worten seine Ansicht, dass sich die Bedeutung reformatorischer Bewegungen für die historischen wie religiösen Entwicklungen relativiert habe, seitdem ihre Vorgeschichte in bestimmten kirchlichen wie politischen Reform- und Verdichtungsprozessen des Spätmittelalters deutlicher geworden und ebenfalls klarer sei, dass weniger die theologischen Aufbrüche als vielmehr die kirchlichen und gesellschaftlichen Ordnungsprozesse seit den 20er Jahren hin zu Konfessionen das Gesicht des mittelalterlichen Reiches noch einmal entscheidend verändert hätten: Durch die Entstehung zunächst zweier und dann dreier Konfessionen „konfessionalisierte" sich das Reich, bildeten beispielsweise Reichsstädte wie Nürnberg eigene Feiertagsordnungen aus, die sich von denen der jeweils territorial einschlägigen Bistümer und der katholischen Kirche insgesamt deutlich unterschieden.

Nun ist niemand daran gehindert, solche Ergebnisse von Geschichtsforschung im Rahmen seiner Geschichtsdeutung für zentral zu halten – aber es wird auch niemand von den Verantwortlichen einer kirchlichen Feier des Jubiläums der Reformation erwarten, dass sie für ihr Glauben und Leben zentrale Persönlichkeiten mit Blick auf allgemeinhistorische Sichtweisen in der Bedeutung relativieren. Selbst wenn der Einfluss eines Luther, Zwingli oder Calvin auf bestimmte Vorgänge im 16. Jahrhundert gering gewesen sein sollte – für die Gestalt und theologische Prägung bestimmter kirchlicher Zusammenhänge haben diese Personen bis heute eine hohe Bedeutung. Und das gilt auch, wenn sich diese Bedeutung im Laufe der Jahrzehnte und Jahrhunderte immer wieder verschoben und gelegentlich sogar neu konstituiert hat. Nach dem Reformationsjubiläum 2017 und seinen vielen Veröffentlichungen zur Reformation, aber auch zu Luther aus allgemeinhistorischer Perspektive wird man ohnehin nicht mehr wie Schilling 1998 davon sprechen können, dass die „Reformation abhanden gekommen sei". Dagegen spricht schon Schillings eigene große Biographie des Reformators, die er zum Jubiläum vorgelegt hat: Martin Luther, Rebell in einer Zeit des Umbruchs (2013).

Man kann sogar sagen, dass die eigenständigsten und originellsten Entwürfe zu einer neuen Erzählung der Reformationsgeschichte und einer neuen Sicht auf die Person Luthers aus der allgemeinen Geschichte heraus vorgelegt wurden: Heinz Schilling hat es unternommen, die Weltgeschichte des Jahres 1517 zu schreiben, und führte seine Leserinnen und Leser nach Italien und Spanien, ins osmanische Reich, an den chinesischen Kaiserhof und ins Reich der Azteken – also ganz weit weg von der kleinen mitteldeutschen Residenz- und Universitätsstadt, die sonst im Zentrum aller Rückblicke auf dieses Jahr stand (1517. Die Weltgeschichte eines Jahres, 2017). Und seine australische, in Oxford lehrende Kollegin Lyndal Roper schlug in einem Buch vor, Luther nicht nur als Person, sondern auch als Theologe von seinem Körper her zu begreifen, seine Freude an Leiblichkeit und seine Theologie der Sünde zusammen zu sehen (Der Mensch Martin Luther, 2016).

Interessanterweise wurden während des Reformationsjubiläums solche kontroversen Sichtweisen über die Deutung der Reformation zwischen Geschichtswissenschaft und Theologie kaum offen diskutiert, sondern standen mehr im Hintergrund von Beiträgen der Protagonisten zum Feuilleton großer Tageszeitungen und kirchlicher Publikationen. Es würde sich lohnen, solche angefangenen Debatten in Zukunft fortzusetzen, um geschichts- oder institutionenpolitische Funktionalisierungen eines ungeklärten Verhältnisses zwischen Geschichtswissenschaft und Theologie zu verhindern.

Zu den eher implizit ausgetragenen Kontroversen zwischen Geschichtswissenschaft und Theologie trat ein offen sichtbarer Dissens innerhalb der reformationsgeschichtlichen Forschung. Er kann nur zum Teil aus einem seit längerem bestehenden Gegensatz zwischen den akademischen Schulen zweier einflussreicher deutscher Reformationshistoriker abgeleitet werden, Bernd Moeller und Gottfried Seebaß. Während die beiden Lehrer beim Lutherjubiläum 1983 in der Öffentlichkeit einträchtig zusammenarbeiteten, trugen zwei ihrer Schüler

30 Jahre später ihre Deutungs- und Hegemonialkämpfe öffentlich aus. Während Thomas Kaufmann, Schüler von Bernd Moeller, als Ergebnis der verschiedenen reformatorischen Bewegungen eine „kopernikanische Wende“ zu einer neuen Form des Christentums sieht, betont sein Kollege Volker Leppin, Schüler von Gottfried Seebaß, stärker die engen Verbindungen der Reformation zu Theologie und Kirche des Spätmittelalters, insbesondere die Verbindungen Luthers zur deutschen Mystik. Kaufmann begründet sein Votum für die Einheit der Reformation gern historisch (eine Bewegung wird durch den Ablassstreit inauguriert und entwickelt sich aus diesen Anfängen weiter) und warnt davor, eine Einheit der Reformation „theologisch-normativ, etwa über die Rechtfertigungslehre“ zu begründen (was seine Position von der des Lehrers Moeller und vieler anderer gegenwärtiger Reformationshistorikerinnen und Reformationshistoriker unterscheidet). Er ist allerdings bereit, die Vorstellung vom Priestertum aller Glaubenden als ein verbindendes Element unterschiedlicher reformatorischer Bewegungen anzuerkennen (dieses Element empfindet er ebenfalls als „kopernikanische Wende“ gegenüber der vorhergehenden Gestalt und Theorie der Kirche) und als „Vermittlungsmoment zwischen einer historischen und einer theologischen Bestimmung der Einheit der Reformation“ zu akzeptieren. Leppin dagegen ist der Überzeugung, dass man Luther aus dem späten Mittelalter heraus und damit auch ökumenisch verstehen müsse; er habe spirituelle Fragen klären, aber nicht die Welt verändern wollen und sei nicht urplötzlich zum Reformator geworden. Weil Leppin die Historizität des Thesenanschlags kritisch sieht und die Abfassung von Ablassthesen für ein innermittelalterliches Ereignis hält, verlieren Luther und die Anfänge der reformatorischen Bewegungen ein gutes Stück ihrer Singularität – ein deutlicher Gegensatz zur Sicht von Kaufmann. Auch die Idee eines Priestertums aller Glaubenden verankert Leppin schon in der deutschen Mystik: Man findet nach Leppin bereits bei dem

Mystiker Johannes Tauler fast 200 Jahre vor Luther den Gedanken, „dass nicht die Weihe den Priester macht, wie es das mittelalterliche Kirchenrecht sagt, sondern – so Tauler – die Andacht". Leppin bestimmt daher die Einheit der Reformation ganz klassisch in unterschiedlichen Varianten einer im Kern einheitlichen Botschaft der Rechtfertigung allein aus Gnaden. Allerdings ist sich Leppin mit Kaufmann darin einig, dass Luther nicht einfach mittelalterliche Theologie repetiert, wenn er die Gedanken von Tauler noch zuspitzt und formuliert, dass allein die Taufe den Priester mache. Vielleicht sollte man gerade angesichts mancher aufgeregter Debatten zunächst einmal auf die gemeinsamen Voraussetzungen beider Positionen hinweisen. Sie folgen nämlich beide Deutungslinien, die schon aus den ersten Jahrzehnten des letzten Jahrhunderts stammen. Damals betonte der Berliner Kirchenhistoriker Erich Seeberg die traditionsgeschichtlichen Wurzeln Luthers in der Theologie der deutschen Mystik, während sein Berliner kirchenhistorischer Kollege Karl Holl und seine Schüler sich vor allem auf die theologischen Neuentdeckungen in den Frühschriften Luthers bis 1530 konzentrierten (und damit das interessante Spätwerk eher abblendeten). Es ist nicht verwunderlich, wenn zwei unterschiedliche Wissenschaftler auf dem Wege von Geschichtsforschung zu Geschichtsdeutungen zu besonderen und damit fast notwendig differierenden Akzentuierungen kommen. Insofern sind aber auch die Akzentuierungen, die in einer zeitgenössischen kirchlichen Rezeption reformatorischer Bewegungen und ihrer Theologien vorgenommen werden, nichts Besonderes. Ob es vor allem die Rechtfertigungslehre Luthers war, die in den 20er Jahren des 16. Jahrhunderts auch Nicht-Wittenberger Gelehrte, Kleriker, Mönche und Laien antrieb (so beispielsweise Bernd Moeller), oder ob die Rede von der Rechtfertigungslehre Luthers ein Konstrukt des 20. Jahrhunderts ist (so Thomas Kaufmann), muss in der Geschichtswissenschaft kritisch bedacht und kontrovers diskutiert werden. Es spricht manches dafür, dass Luther mit seiner Rede von der Alleinwirksamkeit der Gnade tatsächlich in den 20er Jahren des 16. Jahrhunderts die Massen mobilisierte. Und selbstverständlich ist es innerhalb einer kirchlichen Rezeption seiner Person legitim, ein bestimmtes Ensemble theologischer Positionen Martin Luthers als „Rechtfertigungslehre" zu bezeichnen und sich damit in eine Tradition von Christenmenschen zu stellen, die im 16. Jahrhundert in ihren Bekenntnissen einen eigenen Artikel „Über die Rechtfertigung" (*De iustificatione*) als Bestandteil ihrer identitätsbildenden Normen formulierten.

Ein Stück weit dient der Pazifizierung solcher Deutungskonflikte unter deutschen evangelischen Kirchenhistorikern ein *drittes* Papier (neben den erwähnten „Rechtfertigung und Freiheit" sowie „Vom Konflikt zur Gemeinschaft") unter dem Titel „Reformation 1517–2017. Ökumenische Perspektiven". Dieser Text wurde vom Ökumenischen Arbeitskreis evangelischer und katholischer Theologen vorgelegt, der nach dem Zweiten Weltkrieg gegründet wurde, im Umfeld des ersten Besuches von Papst Johannes Paul II. in Deutschland im Jahre 1980 alle in der Reformationszeit entstandenen Lehrverurteilungen in einer umfangreichen Studie untersucht hat und die Frage zu beantworten versuchte, ob sie den heutigen ökumenischen Partner noch treffen und von daher kirchentrennende Wirkung entfalten können. Das Papier des Arbeitskreises zum Reformationsjubiläum stellt deutlicher als die beiden anderen Texte die Reformation als historisches Geschehen ins Zentrum. Dabei werden sowohl die Voraussetzungen der Reformation im späten Mittelalter dargestellt, aber auch der große Umbruch durch die reformatorischen Bewegungen wird klar akzentuiert. Der Ökumenische Arbeitskreis vertritt – wie sein evangelischer Leiter, der Tübinger Reformationshistoriker Volker Leppin, formuliert – die Idee einer im Prinzip parallel verlaufenden Pluralisierung der abendländischen Kirche und damit eine gewisse Gleichursprünglichkeit der drei modernen Konfessionskirchen. Der Text hält fest, dass die römisch-katholische Kirche durch das Konzil von Trient „entgegen ihrer Ekklesiologie und ihrem Selbstverständnis faktisch ... eine Konfessionskirche geworden" ist. Entsprechend wird die „konfessionelle Polyphonie christlichen Zeugnisses und Dienstes in der Welt der Gegenwart auch als Ausdruck der Gabenvielfalt des einen Leibes Christi" verstanden. Mit einer solchen historiographisch begründeten und theologisch zugespitzten Sicht hat der Ökumenische Arbeitskreis aber einen guten Teil der strittigen Alternativen überwunden, die von Anfang an die Debatten über das Jubiläum begleiteten: Katholische Christenmenschen sind eingeladen, in der Feier des Jubiläums der Reformation Identitäten ihrer eigenen Konfessionskirche zu entdecken. Es muss keine Alternative zwischen einer traditionsgeschichtlichen Verortung reformatorischer Theologie und der Anerkennung ihrer epochewendenden Folgen für die abendländische Kirche bestehen. Und es muss schließlich zwischen dieser Sicht und der allgemeinhistorischen Beobachtung, dass bestimmte theologische Positionen die damalige christliche Welt unwiderruflich auseinandersprengten (Ulrike Jureit), kein Gegensatz bestehen: „Dass der Mensch nicht durch Papst, Kirche oder Klerus, sondern unmittelbar zu Gott in Beziehung steht und in diesem Gott-Mensch-Verhältnis auch seine ihm nicht weltlich zuerkannte, sondern gottgegebene Würde begründet ist – diese Theologie sprengte die damalige christliche Welt unwiderruflich auseinander."

Nur sehr knapp soll hier auf eine weitere, im Reformationsjubiläum immer wieder einmal sichtbare Kontroverse eingegangen werden, die man vielleicht durch die Frage charakterisieren kann, wie stark Standards der akademischen Theologie und Geschichtswissenschaft in einem für breitere kirchliche und gesellschaftliche Kreise bestimmten Jubiläum verbindlich sein sollen. Darf – ganz im Sinne eines public understanding of science – für die Öffentlichkeit Komplexität akademischer Debatten reduziert werden, darf elementarisiert werden und dürfen bestimmte Linien, die aus dem 16. Jahrhundert in die

Gegenwart führen, deutlicher hervorgehoben werden als in einer akademischen Debatte? Wenn man auf die gelegentlich geäußerte Kritik an der Reformationsbotschafterin der EKD, Margot Käßmann, blickt, die vor allem in akademischen Kreisen vorgebracht wurde, scheint es so, dass diese selbstverständlichen Voraussetzungen einer öffentlichen Präsentation von akademischen Forschungsergebnissen in breiterer Öffentlichkeit nicht von allen ihren Produzenten geteilt werden. Allerdings liegt zwischen Komplexitätsreduktion und Simplifizierung, zwischen Elementarisierung und Banalisierung und zwischen bloßer Aufdeckung und reiner Konstruktion von Gegenwartsrelevanz oft nur ein schmaler Grat. Nicht alle, die in der akademischen Theologie zu Hause sind, beherrschen die Kunst, ihre Forschungsergebnisse einer breiteren Öffentlichkeit zu vermitteln, nicht alle in der breiten Öffentlichkeit wirkenden Akteure haben die Forschung in ihrer Komplexität präsent, bevor sie an das Elementarisieren gehen. Dazu kommt, dass aufgrund berufsbiographischer Veränderungen akademischer Karrierewege heute nur noch ein kleiner Teil des wissenschaftlichen Nachwuchses eine Phase kirchlicher Ausbildung (beispielsweise ein Vikariat) hinter sich gebracht hat und der kirchliche (Ausbildungs-)Rahmen universitärer Theologie längst nicht mehr überall Konsens ist. Wenn eine theologische Zeitschrift 2011 titelte „Ratlos vor dem Reformationsjubiläum?“, dann beschrieb dieser Titel sicher auch ein Stück allgemeiner Ratlosigkeit in Wissenschaft, Kirche und Gesellschaft und nicht nur den damaligen Stand der Vorbereitungen auf das Reformationsjubiläum.

Im Laufe des Reformationsjubiläums wurden aber alle diese beschriebenen Kontroversen, Deutungs- und Richtungskämpfe zunehmend durch Anliegen einer kirchlich sehr einflussreichen Richtung überlagert, durch Anliegen der *ökumenischen Bewegung*. Zunächst sah es allerdings nicht so aus, als ob das Reformationsjubiläum in ökumenischer Gemeinschaft gefeiert werden könne. Schon in der Debatte über das Reformprogramm „Kirche der Freiheit“, ein Impulspapier zu Perspektiven für die Evangelische Kirche im 21. Jahrhundert aus dem Jahre 2006, meldeten sich besorgte römisch-katholische Stimmen, die fragten, ob mit einer solchen Formulierung vielleicht ihre eigene Kirche implizit als „Kirche der Unfreiheit“ abgewertet werden solle. Wenn man sich klarmacht, wie stark römisch-katholische Theologen im Umfeld des Zweiten Vatikanischen Konzils Freiheit als Zentralbegriff katholischer Theologie herausgestellt haben (so beispielsweise der spätere Präsident des Päpstlichen Rates für die Förderung der Einheit der Christen, Walter Kardinal Kasper), verwundert heute, wie wenig solche Zusammenhänge in den ersten Jahren des 21. Jahrhunderts im Rahmen der Vorbereitung des Jubiläums bedacht wurden. Das lag sicher auch daran, dass die zentralen theologischen Anliegen der von evangelischen, römisch-katholischen, aber auch orthodoxen Theologinnen und Theologen getragenen ökumenischen Bewegung lange nur innerhalb entsprechender Zirkel bekannt waren. Sie werden meist in gemeinsam erarbeiteten Dialogdokumenten behandelt, die nur zum Teil kirchlich rezipiert und in der theologischen Zunft diskutiert werden. Zudem tut man sich in der „Liberalen Theologie“, die vor allem an deutschsprachigen Theologischen Fakultäten weit verbreitet ist, mit der ökumenischen Bewegung schwer, da dort vielfach das reformatorische Christentum für einen kategorial vom übrigen Christentum geschiedenen, neuzeitkonformen eigenen Typus der Religion gehalten wird und nicht – wie häufig in der „Offenbarungstheologie“ – für denjenigen Teil der einen, heiligen und allgemeinen Kirche, der durch die Reformation gegangen ist, aber durch vielfältige Gemeinsamkeit und theologische Traditionslinien mit dieser *una sancta catholica ecclesia* verbunden ist. Auch die ökumenische Bewegung folgt aber – wie die beiden zuvor genannten theologischen Richtungen – ganz eigenen Standards und Weltsichten, die mit den beiden anderen Positionen nur bedingt kompatibel sind. Deswegen gibt es auch liberale Theologinnen und Theologen, die gegenüber der ökumenischen Bewegung äußerst aufgeschlossen sind, und Vertreterinnen und Vertreter der Offenbarungstheologie, die ihr eher kritisch gegenüber stehen und zur theologischen Klarheit mahnen. In jedem Fall ist die ökumenische Bewegung aber durch die Gewissheit geprägt, dass es gelingen kann, die letztendliche Kompatibilität einst kontrovers gegeneinander entwickelter konfessioneller Positionen durch deren sorgfältige Analyse zu erweisen und insofern eine erneuerte Gemeinschaft der Kirchen vorzubereiten. Dabei sind die Modelle, die jeweils zugrundegelegt werden, um Kompatibilität zu erweisen, so verschieden wie die Modelle, die für die erhoffte Gemeinschaft gegenwärtig noch getrennter Kirchen im Hintergrund unterschiedlicher Ansätze ökumenischer Theologie stehen. Zunehmend werden in diese theologischen Positionen auch Ergebnisse des jüdisch-christlichen und interreligiösen Dialogs integriert; diese Dialoge waren ebenfalls lange Zeit eine Sache derer, die ihn von Berufs wegen führten und wurden nur begrenzt anderswo rezipiert.

Solche Zusammenhänge können erklären, warum in den kirchlichen Papieren des Reformationsjubiläums Anliegen der ökumenischen Bewegung zunächst kaum eine eigenständige Rolle spielten. Dem entsprach die Reaktion vieler römisch-katholischer Bischöfe und Theologen auf die Einladung, das Reformationsjubiläum mitzufeiern: Immer wieder war als Antwort zu hören, dass man eine Kirchenspaltung ja schlecht feiern, ihr höchstens gedenken könne. „Sünde kann man nicht feiern“, spitzte ein katholischer Kurienkardinal aus Rom diese Perspektive in einem Text zu. Die humorvollste Variante dieser oft geäußerten Zurückhaltung formulierte ein namhafter deutscher Erzbischof anlässlich eines Empfanges in der deutschen Botschaft beim Heiligen Stuhl zum Nationalfeiertag im Oktober 2014: Es sei eben wie mit Einladungen zu Geburtstagen, man komme gern und feiere gern mit, aber es sei nicht der eigene Geburtstag.

Bemerkenswerterweise war es nicht zuletzt die kritische Diskussion über ein Papier des Rates der EKD, die diese Lage veränderte: Im Papier „Rechtfertigung und Freiheit“ war nur implizit auf die ökumenische Situation Bezug genommen worden, insbesondere war die „Gemeinsame Erklärung zur Rechtfertigungslehre“ von 1999 nicht erwähnt worden, die zusammen mit zwei weiteren Texten einen Konsens in Grundwahrheiten der Rechtfertigungslehre bei bestehenden Unterschieden festgestellt hatte. In diesem Dokument war auch festgehalten, dass die gegenseitigen Verwerfungen des 16. Jahrhunderts den heutigen ökumenischen Partner nicht mehr treffen. Da der Grundlagentext der Evangelischen Kirche vor allem zur Selbstvergewisserung einer evangelischen Position im Jubiläum dienen sollte, hatte man auf eine ausführliche Diskussion dieser Zusammenhänge verzichtet. Dieser Verzicht wurde von manchen römisch-katholischen Lesenden des Textes aber als Zeichen dafür genommen, dass erneut die Aufführung einer klassischen antikatholischen evangelischen Jubiläumserzählung drohe: „Durch Luther frei geworden von der Knechtschaft des Papstes und der römischen Kirche!“ Weiter zeigte sich, dass die klassischen Formulierungen „allein Christus“, „allein die Gnade“, „allein der Glaube“, „allein die Schrift“ und „allein durch das Wort (Gottes)“ von manchen nur als negativ gemeinte Abgrenzungen von inklusiven katholischen Formulierungen wie beispielsweise „Christus und die Heiligen“, „Gnade und Werke“ oder „Schrift und Tradition“ gelesen wurden. Hier ließ sich aber in Erinnerung rufen, dass gerade die ökumenischen Diskussionen des 20. Jahrhunderts deutlich gemacht haben, dass beispielsweise die römisch-katholische Formulierung „Schrift *und* Tradition“ nie eine schlichte Gleichordnung von biblischem Wort und seiner kirchlichen Auslegung sowie Fortschreibung intendierte, auch nicht in den antireformatorischen Spitzenformulierungen des Konzils von Trient im 16. Jahrhundert. Zwischen katholischen „und“-Formulierungen und der evangelischen Formel „allein …“ muss also kein kontradiktorischer Gegensatz bestehen. Die „Gemeinsame Erklärung zur Rechtfertigungslehre" aus dem Jahre 1999 dokumentiert nicht nur den Willen römisch-katholischer Bischöfe und Theologen, die Alleinstellung von Christus, Gnade, Glaube, Schrift und dem Wort Gottes als *katholische* Position sichtbar zu machen, sondern auch ein Interesse, die Katholizität der klassischen reformatorischen Rechtfertigungslehre offiziell zu konstatieren. Mit Recht wiesen in den folgenden Monaten und Jahren römisch-katholische Christenmenschen, Bischöfe, Theologen, aber auch Laien darauf hin, dass das gemeinsame Bekenntnis zur Rechtfertigungslehre die Voraussetzung für die Mitfeier des 500. Jubiläums des Aufbruchs reformatorischer Theologien sei, wenn denn das, was man heute „Rechtfertigungslehre" nennt, als ein wichtiger Baustein dieser Theologien gelten könne. Natürlich gibt es auch Menschen, die der „Gemeinsamen Erklärung zur Rechtfertigungslehre" kritisch gegenüberstanden und noch immer gegenüberstehen. Sie halten es beispielsweise nicht für besonders glücklich, dass der Text seinerzeit mit Anhängen versehen werden musste, um konsensfähig zu werden, oder hätten gern noch mehr Pointen reformatorischer Positionen gemeinsam festgehalten gesehen oder eben etwas weniger von solchen Pointen (je nach konfessioneller Heimat). Insbesondere in Deutschland hagelte es seinerzeit gegen die „Gemeinsame Erklärung" Kritik aus Kreisen universitärer Evangelischer Theologie. Damals war bereits ein Riss im Verhältnis von Kirchenleitungen und universitärer Theologie zu beobachten, der auch während des Reformationsjubiläums gelegentlich sichtbar war und der sich bei einzelnen Personen mit einer Art grummeliger Meckerstimmung gegenüber allen Aktivitäten der EKD und ihrer Gliedkirchen verband (so jedenfalls Thies Gundlach, geistlicher Vizepräsident des Kirchenamtes der EKD). Obwohl die „Gemeinsame Erklärung" bislang noch nicht päpstlich approbiert wurde, ist ihr in einer feierlichen Zeremonie während des Jubiläums im Juli 2017 nun (nach den Methodisten) auch der

Reformierte Weltbund beigetreten. Spricht man mit Menschen aus den evangelischen Kirchen in Italien, wird deutlich, wie sehr sich eine neue ökumenische Gemeinsamkeit dem Fundament dieses Textes verdankt: „Seitdem die ‚Gemeinsame Erklärung' unterschrieben wurde, werden wir als Gesprächspartner akzeptiert."

Nachdem die Debatten um den Grundlagentext des Rates „Rechtfertigung und Freiheit" im Jahre 2014 deutlich gemacht hatten, wie bestimmte scheinbar selbstverständliche evangelische Selbstbezogenheiten auf katholischer Seite aufgenommen wurden und von daher die Wiederholung unerfreulicher konfessionalistischer Narrative vergangener Jubiläen drohte, bemühte man sich im Hintergrund darum, zu gemeinsamen Verabredungen über eine möglichst substanzielle römisch-katholische Beteiligung an den Feiern des Jubiläums zu kommen. Als diese Verabredungen als Briefwechsel zwischen dem Vorsitzenden des Rates der EKD, Landesbischof Heinrich Bedford-Strohm, und dem Vorsitzenden der Deutschen Katholischen Bischofskonferenz, Erzbischof Reinhard Kardinal Marx, im Mai 2015 publiziert wurden, wiederholte sich allerdings, was schon vorher zu beobachten war: Die, die der Bewegung der „Ökumenischen Theologie" und dem Anliegen ökumenischer Verständigung nahestanden, begrüßten die vielen konkreten Planungen in diesem Briefwechsel, darunter eine gemeinsame Pilgerfahrt des Rates und der Bischofskonferenz ins Heilige Land, die Verabredung eines Prozesses der gemeinsamen Durcharbeitung und Heilung von unterschiedlicher Erinnerung an die Geschichte mit einem zentralen Versöhnungsgottesdienst als Abschluss und zwei gemeinsame Tagungen zu Bibel und Ökumene. Die, die in der ökumenischen Verständigung aus unterschiedlichen Gründen eine Vertuschung des kategorialen Gegensatzes zwischen einer katholischen und einer protestantischen Form des Christentums sehen, und die, die ohnehin ein Abschleifen des reformatorischen Profils befürchteten, beäugten den Briefwechsel und seine Folgen kritisch. Man hatte sich in jenem Briefwechsel auf eine bereits vorher vom Ratsvorsitzenden Nikolaus Schneider geprägte Rede vom Reformationsjubiläum als einer auf Christus bezogenen Feier verständigt. Schneider hatte in einem Vortrag für die EKD-Synode im November 2011 die Verwendung des Begriffs „Christusjubiläum“ damit begründet, dass „die Umkehr zu Christus als Grund allen Glaubens das zentrale Anliegen der Reformation war“. Eine ganze Reihe von textlichen Zeugnissen des 16. Jahrhunderts stützt diese Interpretation, natürlich auch die bekannte Predella des bekannten, den Sakramenten gewidmeten Altarretabels der Wittenberger Stadtkirche, in der die Predigt Luthers als Verweis auf den gekreuzigten Christus zusammengefasst wird.

Damit wird zugleich auf den Apostel Paulus Bezug genommen, der schon im ersten Korintherbrief den gekreuzigten Christus als den einzigen Inhalt der apostolischen Verkündigung bezeichnet hat. Der Verweis Luthers auf den gekreuzigten Christus ist offenbar soweit aus sich heraus verständlich, dass Lucas Cranach der Jüngere, der das Gemälde 1547 schuf, den predigenden Luther mit *geschlossenem* Mund malte.

Obwohl der Verweis auf den gekreuzigten Christus in vielen Predigten Luthers zentral ist, reicht in der Predella des jüngeren Cranach für den Hinweis auf den Gekreuzigten die bloße Geste der Hand des Predigers ohne Worte. Anders formuliert: Die Paradoxie eines mit geschlossenem Mund „predigenden" Reformators dokumentiert die Evidenz dieser Abbildung für den kirchlichen Kontext in Luthers einstiger Predigtkirche und illustriert, worauf man mit dem erläuterungsbedürftigen Begriff „Christusfest" offenkundig anspielen wollte: auf die radikale christologische Konzentration, die Luther im Laufe seines Lebens vornimmt und die im Zusammenhang sehr unterschiedlicher theologischer und historiographischer Schulen immer wieder hervorgehoben worden ist.

Nachdem bereits 2012 der Vorsitzende der Ökumene-Kommission der Deutschen Bischofskonferenz, der Magdeburger Bischof Gerhard Feige, die Formulierung „Christusjubiläum" in seine zum Reformationsfest veröffentlichten Thesen aufgenommen hatte, wurde sie durch den Briefwechsel zwischen Bedford-Strohm und Marx im Jahr 2015 gleichsam approbiert, allerdings in der Form „Christusfest", die keine Konkurrenz zu den evangelischen Wortprägungen „Luther-Jubiläum" oder „Reformations-Jubiläum" aufkommen lassen konnte.

Auch hier meldeten sich sofort Einwände: Es erhob sich Protest gegen eine „verordnete Umetikettierung zu einem ökumenischen ‚Christusfest'" und wurde gar Ausverkauf der evangelischen Kirche im Jubiläumsjahr befürchtet. Von Friedrich Wilhelm Graf stammt die scharfe Formulierung, die Rede vom „Christusfest" diene bei Heinrich Bedford-Strohm „primär dazu, aus ökumenepolitischen Motiven die schlichte Tatsache zu überspielen, dass Protestanten 2017 nun einmal mehr zu feiern haben als Christen anderer Konfessionen: den theologischen Beginn jener Pluralisierung des lateinischen Christentums, der in der Dauerkonkurrenz selbstständiger Konfessionskirchen Gestalt gewonnen hat". Andere wiesen nicht weniger polemisch darauf hin, dass doch schon Weihnachten und Ostern Christusfeste seien und die spezifische Differenz zu einem als Christusfest gefeierten Reformationsjubiläum ihnen nicht deutlich geworden sei. Jeder evangelische Gottesdienst werde im Namen von Jesus Christus gefeiert und sei somit ein Christusfest, ließ sich ein evangelischer Reformationshistoriker vernehmen. Von solcher Kritik hüben und drüben unbeeindruckt, wurde in den Monaten und Jahren nach dem Briefwechsel 2015 nicht nur das dort entfaltete ökumenische Programm auf der Ebene der großen kirchlichen Institutionen abgearbeitet, vielmehr fand eine Fülle weiterer gemeinsamer Veranstaltungen, Gottesdienste, Begegnungen und Exkursionen statt. Wer beispielsweise in Wittenberg in der Themenwoche Ökumene an einer Podiumsdiskussion mit einem römischen Kardinal teilnahm, traf auf eine gemeinsame Reisegruppe aus Nürnberger evangelischen und katholischen Gemeinden, die nach Vorbereitung durch gemeinsame Lektüre sich gemeinsam auf den Weg nach Wittenberg gemacht hatten. Auch die gemeinsame Pilgerreise von Mitgliedern der Deutschen Bischofskonferenz und Mitgliedern des Rates der EKD ins Heilige Land im Jahre 2016 kann man in ihrer Bedeutung wahrscheinlich gar nicht überschätzen, denn sie machte zum Teil Menschen, denen bisher vertiefte Kenntnisse der Frömmigkeitspraxis und Theologie ihrer Schwesterkirche fehlten, eben damit vertraut. Ökumene hat viel mit Begegnung zu tun, dem Abbau von Vorurteilen, der Entdeckung von Gemeinsamkeiten und der Begrenzung von Dissensen; nicht nur die gemeinsame Studienreise bot reichliche Gelegenheit für solche Begegnung, vielmehr kam es auf nahezu allen Ebenen zu vielfachen Begegnungen und Kontakten.

Ökumene hat aber selbstverständlich auch mit gottesdienstlichen Feiern zwischen Christenmenschen unterschiedlicher Konfession zu tun. Man sah dies besonders deutlich bei einer vielfach beachteten Gebetsliturgie am 31. Oktober 2016 im schwedischen Lund, die der Lutherische Weltbund

und der vatikanische Rat zur Förderung der Einheit der Christen entworfen hatten und der der Präsident des Lutherischen Weltbundes, Bischof Munib Younan aus Jerusalem, und Papst Franziskus gemeinsam vorstanden. Die Liturgie führte auf der Basis des Dokuments „Vom Konflikt zur Gemeinschaft“ vom gegenseitigen Bekennen von Schuld und der Vergebungsbitte über einen Friedensgruß zur Versöhnung hin zum gemeinsamen Aussprechen von ökumenischen Verpflichtungen für die Zukunft. Die Kathedrale von Lund wurde als Ort der Begegnung unter anderem deshalb ausgewählt, weil hier vor 70 Jahren der Lutherische Weltbund gegründet worden war. Papst Franziskus beklagte in seiner Predigt nicht nur die im Gefolge der Reformation erfolgte Trennung der abendländischen Christenheit in einander bekämpfende Konfessionskirchen, sondern beschrieb (im Sinne einer „Ökumene der Gaben“) auch die guten Gaben reformatorischer Theologie für die römisch-katholische Kirche:

> „Zweifellos ist die Trennung eine ungeheure Quelle von Leiden und Missverständnissen gewesen, doch sie hat uns auch zu der ehrlichen Einsicht geführt, dass wir getrennt von Ihm nichts vollbringen können, und uns zugleich die Möglichkeit gegeben, einige Aspekte unseres Glaubens besser zu verstehen. Dankbar erkennen wir an, dass die Reformation dazu beigetragen hat, die Heilige Schrift mehr ins Zentrum des Lebens der Kirche zu stellen. Durch das gemeinsame Hören auf das Wort Gottes in der Schrift hat der Dialog zwischen der Katholischen Kirche und dem Lutherischen Weltbund, dessen fünfzigjähriges Bestehen wir feiern, wichtige Schritte zurückgelegt …“

> „Die geistliche Erfahrung Martin Luthers hinterfragt uns und erinnert uns daran, dass wir ohne Gott nichts vollbringen können. ‚Wie bekomme ich einen gnädigen Gott?‘ – das ist die Frage, die Luther ständig umtrieb. Tatsächlich ist die Frage nach der rechten Gottesbeziehung die entscheidende Frage des Lebens. Bekanntlich begegnete Luther diesem barmherzigen Gott in der frohen Botschaft vom menschgewordenen, gestorbenen und auferstan-

denen Jesus Christus. Mit dem Grundsatz ‚Allein aus Gnade' werden wir daran erinnert, dass Gott immer die Initiative ergreift und jeder menschlichen Antwort zuvorkommt, und zugleich, dass er versucht, diese Antwort auszulösen. Daher bringt die Rechtfertigungslehre das Wesen des menschlichen Daseins vor Gott zum Ausdruck."

Auch wenn es in Lund zu einem von vielen erhofften Durchbruch hin zu einer gemeinsamen Abendmahlsfeier nicht gekommen ist, weil der Papst ein solches Gastgeschenk bei seiner Reise zum Reformationsgedenken in Lund nicht im Gepäck hatte, wurde seine explizite Würdigung der segensreichen Wirkungen der Reformation und der Theologie Luthers nicht nur in der Kathedrale dankbar aufgenommen. Außerdem war immer wieder zu hören, dass auf der Agenda nunmehr nach der gemeinsamen Erklärung zur Rechtfertigungslehre eine „gemeinsame Erklärung über Kirche, Eucharistie und Amt" stehen muss, wenn konkrete Schritte im Blick auf Abendmahl und Eucharistie in den nächsten Jahren gegangen werden sollen.

Besonders eingeprägt hat sich auch vielen, die dabei sein durften oder am Fernsehschirm zusehen konnten, der Buß- und Versöhnungsgottesdienst, den die Deutsche Bischofskonferenz und der Rat der EKD am Vorabend des zweiten Fastensonntages, des Sonntags Reminiszere, im März 2017 in der Hildesheimer St. Michaelis-Kirche gemeinsam feierten. Die große mittelalterliche Basilika gehört zu denjenigen Kirchen in Deutschland, die gemeinsam von beiden Kirchen genutzt werden: Haupt- und Seitenschiffe nutzt die evangelische, die Krypta die katholische Kirche. In Anwesenheit von Bundespräsident, Bundestagspräsident, Bundesverfassungsgerichtspräsident und Bundeskanzlerin sowie zahlreicher ökumenischer wie politischer Gäste feierten Erzbischof Reinhard Kardinal Marx und Bischof Heinrich Bedford-Strohm eine Liturgie, die neben den Texten durch das dreidimensionale Symbol eines Kreuzes beeindruckte, das zu Beginn des

Gottesdienstes in Form einer Panzersperre vor dem Altar Trennung symbolisierte und dann, von zwölf jüngeren Gottesdienstteilnehmenden zum Kreuz aufgerichtet, Versöhnung anzeigte.

Das Kreuz, dessen Entwurf vom Benediktiner-Mönch Abraham Fischer der Abtei Königsmünster im sauerländischen Meschede stammt und das in den Werkstätten der Abtei hergestellt wurde, ist ein Symbol dessen, was man in der Ökumene von den Schwesterkirchen gewinnt: Es ist nicht flach und zweidimensional angelegt, sondern dreidimensional – je ein Balken auf jeder Seite läuft auf den Betrachter zu und erlaubt, da er im Unterschied zu sonstigen Kreuzen innen hohl ist, neue Perspektiven und Sichtachsen. Was von außen zunächst verrostet erscheint, erweist sich beim Blick durch die inneren Sichtachsen als vergoldet: Das zarte Blattgold strahlt aus dem Rost.

Die Kunstschmiede der Abtei bietet verkleinerte Ausführungen des Kreuzes an, mit denen sich die Hildesheimer Liturgie nachfeiern oder sonstwie an das Ereignis erinnert lässt. Das Kreuz stand im Gottesdienst symbolisch für einen

Prozess zwischen den beiden großen christlichen Kirchen in Deutschland, „die Trennungen der Kirchen ehrlich anzuschauen, ihre leidvollen Auswirkungen zu bedenken und Gott und einander um Vergebung für das Versagen auf beiden Seiten zu bitten“ – dieser Prozess, der seinen Abschluss in einer gemeinsamen Erklärung beider Kirchen gefunden hatte, wurde auch als „Healing of Memories“ bezeichnet und damit auf andere Versöhnungsprozesse angespielt: „Healing of Memories“ bezeichnet ursprünglich ein seelsorgerlich-therapeutisches Verfahren in der Täter-Opfer-Arbeit zur Aufarbeitung von persönlichen Verletzungen während der Zeit der Apartheid in Südafrika und wird seit der zweiten Hälfte der 90er Jahre des 20. Jahrhunderts auch für kollektive Ausgleichsprozesse vor allem in Nordirland und Südosteuropa von einzelnen kirchlichen Akteuren und kirchlichen Zusammenschlüssen verwendet. Charakteristisch für solche Prozesse einer Versöhnung ist ein Dreischritt von gemeinsamer Aufarbeitung der Geschichte, der Anteilnahme an den Schmerzen und Verletzungen der anderen Seite und der Wille, gemeinsam die Zukunft zu gestalten. Entsprechend ist das Dokument beider Kirchen, das im September 2016 unter dem Titel „Erinnerung heilen – Jesus Christus bezeugen“ vorgestellt wurde und den Gottesdienst in Hildesheim im März vorbereitete, von dem Versuch geprägt, Geschichte nicht nur gemeinsam zu betrachten und daraus die Kraft zur Versöhnung und zum gemeinsamen Neubeginn zu finden, sondern durch Eingeständnis von Schuld Vergebung und Versöhnung vor Gott und von Gott zu finden. Der Text konzentriert sich aber weniger auf eine konkrete historiographische Durcharbeitung vergangener Schuld, als er vielmehr konkrete Hindernisse auf dem Weg zu mehr kirchlicher Gemeinschaft benennt. An erster Stelle steht natürlich die Frage unterschiedlicher Verständnisse des kirchlichen Amtes und ihre negativen Folgen für eine von der Katholischen Kirche abgelehnte gemeinsame Feier des Altarsakramentes, der Eucharistie beziehungsweise des Abendmahls. Offen wird auch zugegeben, dass gegenwärtig noch keine zwischen evangelischer und katholischer Kirche in Gesamtheit konsensfähige Vorstellung von einer kirchlichen Einheit in Vielfalt existiert. Vergangene Schuld wird im Text eher mit Hilfe verschiedener Ergebnisse der kulturwissenschaftlichen Erinnerungsforschung in den Blick genommen: Bei jeder Erinnerung droht Mythisierung der Erinnerungsorte (darunter versteht die französische Forschung an einzelnen Orten oder in Personen verdichtete, konkret gewordene Erinnerung wie beispielsweise den sogenannten Thesenanschlag), die Politisierung der Erinnerung (wie sie im Zuge der gewalttätigen konfessionellen Konflikte in Europa seit dem 16. Jahrhundert stattfand) und die gegeneinander erfolgte Konfessionalisierung der Konfessionskirchen. Das Dokument schließt mit einem Liturgieentwurf, der entsprechende Vergebungsbitten enthält, die erkennbar auch in der textlichen Tradition des Versöhnungsgebetes von Coventry stehen, das seit 1959 jeden Freitagmittag im Chorraum der von deutschen Bombern zerstörten alten Kathedrale gebetet wird. In der Liturgie für den Gottesdienst in Hildesheim heißt es:

> „Ich bekenne, dass Christen und Christinnen in Eifer und Unduldsamkeit Krieg gegeneinander geführt haben. Weite Teile Deutschlands und Europas wurden verwüstet. Menschen sind um ihres Glaubens willen verfolgt und vertrieben, gefoltert und getötet worden. Die Geschichte der Verletzungen endet nicht, wo die Waffen niedergelegt werden. Wir haben an ihr teil, wenn wir einander in Gedanken, Worten und Werken verachten, verletzen und verurteilen.
>
> Ich glaube, dass Jesus Christus die Wunden heilt, die Eifer und Unduldsamkeit gerissen haben. Ich bitte um Vergebung für den Hass, der Gott zum Werkzeug des eigenen Willens macht und unschuldigen Menschen Leid zufügt.
>
> Wir bitten, Herr, vergib."

Interessanterweise erfolgte im Gottesdienst keine liturgische Vergebung der Sünden, vielmehr präsentierten sich beide Konfessionen unmittelbar nach der Bitte um Vergebung der Sünden als versöhnte Christengemeinde. Nach der Aufrichtung des Kreuzes danken nach den Vorgaben der Liturgie Geistliche beider Konfessionen für die Gaben der jeweils anderen Konfession – so spricht der katholische Part:

> „Wir danken Gott für die geistlichen, die theologischen und die ethischen Impulse der Reformation, die wir in der katholischen Kirche teilen können. Ich nenne die Wertschätzung des Wortes Gottes und der Heiligen Schrift. Ich nenne die Rechtfertigungslehre: Es ist auch für die katholische Kirche wichtig zu erkennen, dass ein Mensch nicht aus Werken des Gesetzes, sondern aus dem Glauben an Jesus Christus gerechtfertigt wird. Wir sehen das Engagement so vieler Männer und Frauen in den evangelischen Gemeinden als lebendiges Zeugnis des Glaubens. Wir schätzen die intensiven Diskussionen und die verantwortungsvollen Entscheidungsprozesse in den Synoden. Wir sind beeindruckt von dem starken Einsatz der evangelischen Kirche in der Diakonie, in unserem Land und auf der ganzen Welt. Vieles wäre noch zu nennen. Liebe evangelische Glaubensgeschwister: Wir danken Gott, dass es Sie gibt und dass Sie den Namen Jesu Christi tragen."

Der evangelische Part antwortet:

> „Wir danken Gott für das Glaubenszeugnis der katholischen Kirche. Wir sehen, dass sie im wahren Sinn des Wortes eine Weltkirche ist, die Nationen, Sprachen und Kulturen verbindet. Wir schauen voll Achtung auf die Liebe zur Liturgie, die in der katholischen Kirche gepflegt wird. Wir schätzen die besondere Aufmerksamkeit für die Überlieferungen des Glaubens, Bekennens und Denkens, die die Geschichte der Christenheit und so auch unsere Geschichte geprägt haben. Wir wissen uns herausgefordert, unser eigenes Verständnis von Kirche und Kircheneinheit, von Ordination und Amt im Dialog mit der katholischen Theologie zu vertiefen. Wir sind beeindruckt vom caritativen Dienst der katholischen Kirche in unserem Land und auf der ganzen Welt. Vieles wäre noch zu nennen. Liebe katholische Glaubensgeschwister: Wir danken Gott, dass es Sie gibt und dass Sie den Namen Jesu Christi tragen."

Es lag sicher nicht nur an der freundschaftlichen Herzlichkeit, die Kardinal Marx und Landesbischof Bedford-Strohm ausstrahlten, dass viele Teilnehmende am Gottesdienst in Hildesheim diese Worte als einen Höhepunkt des Buß- und Versöhnungsgottesdienstes empfanden, sondern an der Intensität der durch das Kreuz symbolisierten Bewegung vom Konflikt zur Versöhnung. Der Gottesdienst schloss mit einer feierlichen Selbstverpflichtung zu konkreten weiteren Schritten, nämlich „grundlegende Gemeinschaft in allen Formen der Verkündigung hervorzuheben und auf dem Weg des ökumenischen Lernens kontinuierlich voranzuschreiten ... wo immer es möglich ist, gemeinsam zu handeln und einander aktiv zu unterstützen, nicht zuletzt in Fragen der Caritas und Diakonie, der sozialen Gerechtigkeit, der Friedenssicherung und der Wahrung der Menschenrechte ... die ökumenische Kultur des Dialogs und der Zusammenarbeit auf allen Ebenen des kirchlichen Lebens zu fördern und zu intensivieren". Noch einmal konkreter sind in der Buß- und Versöhnungsliturgie die Absichten formuliert, „in allen Gottesdiensten für die ökumenischen Partnerinnen und Partner zu beten ... alles zu unterlassen, was Anlass zu neuen Zerwürfnissen zwischen den Kirchen gibt". Hier ist offenkundig an die stark abweichenden Positionen zwischen den Kirchen in bioethischen Fragen gedacht bei allem, was kirchliche Stellungnahmen zu Anfang und Ende des Lebens betrifft, und bei der Frage verantworteter Partnerschaft und Sexualität: „Wir verpflichten uns, in ethischen Fragen, die zwischen uns strittig sind, vor Entscheidungen den Dialog zu suchen." Eigens erwähnt sind auch die konfessionsverbindenden Ehen, denen man alle Hilfestellungen leisten will. Schließlich verpflichten sich die Partner, „weitere Schritte auf dem Weg zur sichtbaren Einheit der Kirchen zu gehen".

Angesichts der Parzellierung der deutschen theologischen Landschaft und der daraus folgenden Kämpfe um Einfluss und Deutungshoheit war kaum verwunderlich, dass die einen diesen gemeinsamen ökumenischen Aufbruch beim Reformationsjubiläum als eigentlichen oder jedenfalls großen Gewinn der Feiern verbuchen, während die anderen ebenso wortreich evangelischen Profilverlust beklagen. Obwohl sich eigentlich alle darüber einig sind, dass das Reformationsjubiläum 2017 die erste Feier dieses Ereignisses seit 500 Jahren ist, die durchgängig vor ökumenischem Hintergrund stattfindet (allerdings gab es durchaus schon verheißungsvolle Ansätze beim 450. Jubiläum des Augsburger Bekenntnisses 1980 und beim fünfhundertsten Geburtstag Martin Luthers 1983), differieren doch die Bewertungen erheblich. Was die einen für gebotene ökumenische Rücksichtnahme auf einen Partner nach Jahrhunderten einer Konfliktgeschichte hielten, grenzte für andere schon „an Verrat gegenüber der evangelischen Sache". Wie beim berühmten Glas, das man als halb voll oder halb leer ansehen kann, freuten sich manche über die erkennbaren atmosphärischen Fortschritte bei der gemeinsamen Feier des Reformationsjubiläums, während andere darauf hinwiesen, dass der entscheidende Durchbruch beispielsweise bei der Anerkennung der Ordination von Frauen zum geistlichen Amt oder bei der Zulassung von gemeinsamen Abendmahls- beziehungsweise Eucharistiefeiern noch nicht erreicht worden sei – wie alle ökumenischen Gottesdienste fand auch der Hildesheimer Buß- und Versöhnungsgottesdienst am Vorabend des Sonntags und nicht zur Zeit der sonntäglichen Messfeier statt. Besonders am Prozess „Healing of Memories" und an der Liturgie des Buß- und Versöhnungsgottesdienstes machte sich Kritik fest: Insbesondere diejenigen evangelischen systematischen Theologen, die die energische Pluralisierung des europäischen Christentums oder sogar die beständige Dauerkonkurrenz der Konfessionen für einen besonderen Modernisierungsgewinn der Reformation halten und nicht für einen eher bedauerlichen Nebeneffekt einer Kirchenreform (so wörtlich beispielsweise Friedrich Wilhelm Graf), kritisierten, dass in den Texten aus dem Prozess „Healing of Memories" der Wert dieser Pluralität nicht eigens festgehalten wurde. Im Papier „Rechtfertigung und Freiheit“ war noch abgewogen formuliert worden: „Die reformatorischen Kirchen … sind ein Teil der legitimen, weil schriftkonformen Pluralisierung der christlichen Kirchen, aber auch Teil der schriftgemäßen Bewegung auf die volle sichtbare Einheit der einen Kirche in der Vielfalt der Konfessionen hin.“ Umstritten war aber auch die Idee, vergangene Schuld stellvertretend zu bekennen: Wer mit Immanuel Kant davon überzeugt ist, dass Schuld nicht auf andere Personen übertragbar ist und Stellvertretung im Blick auf Schuld nicht funktionieren kann, musste (wie ebenfalls Graf) die gegenseitige Entschuldigung in Hildesheim und anderswo für „moralisch arrogant“ halten, weil es vor dem Hintergrund solcher Prämissen sinnlos ist, sich heute für die Sünden oder die Schuld der Vorfahren zu entschuldigen oder sie stellvertretend vor Gott zu bekennen. Ein anderer Kommentator machte auf das Problem aufmerksam, dass die heute Lebenden Handlungen als schuldhaft bewerten, die vor 500 Jahren stattfanden, obwohl diese im Bewusstsein der damaligen Akteure völlig legal waren und den damals geltenden Normen entsprechend durchgeführt wurden. Auch er spricht von „Arroganz der Nachgeborenen“ und der Banalisierung eines tiefen theologischen Konfliktes um die Wahrheit des Evangeliums. Wer Gelegenheit hatte, den Gottesdienst im Fernsehen oder in der Hildesheimer Kirche zu verfolgen, wird vermutlich im Gegenzug auf die liturgisch geprägte Tradition des Bekennens auch von fremder Schuld hinweisen, der die Texte der Feier folgten, und den Wert der gemeinsamen Selbstverpflichtung betonen. Auch die herzliche, ja freundschaftliche Eintracht der beiden Bischöfe Bedford-Strohm und Marx wurde vielfach gerühmt und seltener kritisch beäugt.

Der Buß- und Versöhnungsgottesdienst in Hildesheim und die verschiedenen regionalen und lokalen Gottesdienste, die dieser Liturgie folgten, standen freilich nicht allein in dem Bemühen, sich kritisch und konstruktiv zu Äußerungen oder Taten aus der Reformationszeit zu verhalten, die heute nur als schuldhaftes Versäumnis der damaligen Akteure wahrgenommen werden können. So verabschiedete die Synode der EKD im Rahmen ihrer Herbsttagung 2015 eine Kundgebung unter dem Titel „Martin Luther und die Juden – notwendige Erinnerung zum Reformationsjubiläum". Der Text referiert Ergebnisse historischer Forschung, aber bezeichnet sie von Anbeginn als Teil einer „Schuldgeschichte" reformatorischer Kirchen am Judentum, die mit Trauer und Scham erfülle. Das Reformationsjubiläum biete Anlass zu Umkehr und Erneuerung. Person wie Theologie Martin Luthers würden sich besonders gut eignen, die notwendigen Korrekturen am reformatorischen Erbe vorzunehmen; es sei notwendig, „zentrale theologische Lehren der Reformation neu zu bedenken und dabei nicht in abwertende Stereotype zu Lasten des Judentums zu verfallen. Das betrifft insbesondere die Unterscheidungen ‚Gesetz und Evangelium', ‚Verheißung und Erfüllung', ‚Glaube und Werke' und ‚alter und neuer Bund'." „Luthers Sicht des Judentums und seine Schmähungen gegen Juden stehen nach unserem heutigen Verständnis im Widerspruch zum Glauben an den einen Gott, der sich in dem Juden Jesus offenbart hat", heißt es in einem der kritischen Spitzensätze der Kundgebung. Auch zwischen dem Lutherischen Weltbund und der Mennonitischen Weltkonferenz wurde im Vorfeld eines Bußgottesdienstes die gemeinsame Geschichte aufzuarbeiten versucht und von lutherischer Seite mit einer Vergebungsbitte der Scham über die Verketzerung und Verfolgung der „Täufer" in der Reformationszeit im Juli 2010 in Stuttgart auf der seinerzeitigen Vollversammlung des Lutherischen Weltbundes Ausdruck verliehen. Auch hier erschien im Vorfeld der liturgischen Handlung ein umfangreiches Studiendokument unter dem Titel „Heilung der Erinnerungen – Versöhnung in Christus". Da dieser Dialog allerdings noch längst nicht so lange läuft wie der jüdisch-christliche (nämlich seit den 80er Jahren des letzten Jahrhunderts), sind hier vor allem auf Seiten der historischen Friedenskirchen noch viele

Wünsche an die großen Reformationskirchen offen geblieben, beispielsweise der Wunsch nach stärkerer Verbreitung der Ergebnisse gemeinsamer Bearbeitung der Geschichte.

Das Reformationsjubiläum 2017 wurde allerdings nicht nur von Theologen und Historikern gefeiert, in kirchlichen und universitären Zusammenhängen begangen. An der Feier beteiligten sich staatliche Stellen und luden zu den Veranstaltungen ganz bewusst auch nicht kirchlich gebundene, säkular geprägte Menschen ein. Entsprechende Übersichten der Beauftragten der Bundesregierung für Kultur und Medien zeigen, dass nicht nur die bereits erwähnten Restaurierungs- und Sanierungsmaßnahmen von Bauwerken, dazu die ebenfalls bereits genannten Ausstellungen, sondern vielfältige Musik- und Theaterveranstaltungen, beispielsweise Komposition und Aufführung von Oratorien, Wiederaufführungen vergessener Opern, aber auch Literaturfeste und Tagungen, Kinder- und Jugendcamps, Schülerwerkstätten sowie Digitalisierungskampagnen gefördert wurden. Namen von Rolf Hochhuth bis Moritz Rinke wären beispielsweise für das Theater zu nennen.

Natürlich gab es auch Debatten über die Frage, wieweit die in den zitierten Entschließungen des Bundestages und anderen staatlichen Texten als Motive des staatlichen Engagements genannten Wirkungen der Reformation und damit die Begründungen der weit über die Kirchen hinausgehenden Feiern einer kritischen Analyse standhalten können. Nachdem im Jubiläumsjahr 2017 eine Stimme aus dem Raum der Kirche einzelnen Vertretern der wissenschaftlichen Theologie vorwarf, in einer Art „besserwisserischer Ignoranz gegenüber den Anliegen von Bund, Ländern und Zivilgesellschaft" abseits zu stehen beim Versuch, Linien von der Reformationszeit in die gegenwärtige Gesellschaft zu ziehen, warfen umgekehrt zwei Theologen der EKD vor, es sei eine „modernisierungstheoretische Lebenslüge", die vermeintlichen Wurzeln von Freiheit, Demokratie und Menschenwürde in der Reformation nachweisen zu wollen, und eine solche Lebenslüge hätte am Beginn der von Staat und Kirche gemeinsam verantworteten Luther- beziehungsweise Reformations-Dekade im Jahre 2008 gestanden.

Die Hamburger Sozialhistorikerin Ulrike Jureit fragte etwas weniger polemisch, ob der Versuch, „unsere heutigen politischen Ordnungssysteme in die Kontinuität spätmittelalterlicher Lebens- und Glaubenswelten zu stellen", nicht „unweigerlich in der Gefahr" stehe, „einzelne Aspekte wie den theologischen Freiheitsbegriff oder das spätmittelalterliche Partizipationsverständnis zu enthistorisieren, um sie gegenwärtig überhaupt im Sinne der intendierten Identitätsstiftung kommunizieren zu können". Sie ergänzte die in kirchlichen wie staatlichen Papieren gern gezogene Linie hin zum neuzeitlichen Freiheitsverständnis durch die schlichte historiographische Beobachtung, dass die Reformation nicht allein „der glorreiche Auftakt einer langen europäischen und bis heute identitätsstiftenden Freiheitsgeschichte" gewesen sei, „sie war vor allem eine verstörende, in weiten Teilen bestürzend gewalthafte und auf die Ambivalenzen der späteren Moderne bereits verweisende Konfliktgeschichte".

Solche erregten Debatten und präzisen Fragen machen deutlich, dass der explizite Schritt von der Geschichtsforschung zur Geschichtsdeutung und deren Nutzung in der Geschichtspolitik, wie ihn beispielsweise der Berliner Historiker Heinrich August Winkler mit seiner bejahenden historiographischen Nachzeichnung der Entstehung der Westbindung Deutschlands („Der lange Weg nach Westen") immer wieder vorgenommen hat und bei diversen politischen Ereignissen expliziert hat, in den Geschichtswissenschaften durchaus umstritten ist. Besonnene Stimmen wiesen angesichts solcher Kontroversen darauf hin, dass die historische Wissenschaft neben aller legitimatorischen Funktion im Rahmen von Geschichtsdeutung und Geschichtspolitik auch die elementare Funktion der Verunsicherung im Blick auf klassische historiographische Narrative hat, die politisch funktionalisiert worden sind, so wie eine gute Theologie den Unterschied zwischen vorletzten und letzten Dingen im Bewusstsein hält und gegenüber falschen Absolutheitsansprüchen kritisch zur Geltung bringt. So gab es während des Reformations-Jubiläums durchaus auch abgewogene Beiträge zur Frage, welche Gemeinsamkeiten und Differenzen die Reden über Freiheit im 16. und 21. Jahrhundert charakterisieren, wieweit das Konzept des mündigen Bürgers auf Luthers Plädoyer für Gewissensfreiheit zurückgeht und wieweit eben auch nicht und wieweit die Demokratisierung der deutschen Gesellschaft und ihrer Staatsformen auch mit der Reformation zusammenhängt. Manchmal konnte man beim Reformationsjubiläum sogar den Eindruck gewinnen, dass staatliche Stellen – gleichsam in Form eines erneuerten Notregimentes – kirchliche Funktionen übernahmen.

Der damalige Bundespräsident Joachim Gauck machte beim großen Festakt zur Eröffnung des Jubiläumsjahres am 31. Oktober 2016 zunächst deutlich, dass er nicht als ehemaliger Pfarrer sprechen wolle, und sagte dann:

> „Wir vermischen hier nicht unzulässigerweise die kirchliche und die staatliche Sphäre, sondern der Staat erkennt an, dass auch er selber, in seiner Geschichte und Vorgeschichte, in vielfacher Weise von der Reformation und ihrer Wirkungsgeschichte geprägt ist. Die heutige Gestalt unseres Gemeinwesens ist ohne die christlichen Kirchen nicht denkbar. Und sie ist nicht denkbar ohne die Reformation."

Nach diesem Hinweis auf die Geschäftsgrundlagen des Zusammenwirkens von kirchlichen und staatlichen Stellen folgte allerdings (nach einem knappen Durchgang durch die Geschichte der Reformationsjubiläen und der Besonderheit eines Jubiläums im Jahre 2016/2017) eine überaus präzise, zugleich aber knappe Nachzeichnung der Kernanliegen der Reformation und Martin Luthers.

„Nehmen wir zum Beispiel den zentralen Begriff der Freiheit. Wenn Luther und mit ihm die anderen Reformatoren so sehr herausstellen, dass der Mensch nicht durch die sklavische Befolgung des ihm von außen auferlegten Gesetzes die Gnade Gottes gewinnt, sondern durch seine freiwillige Bindung an das Evangelium, dann kommt ein frischer Wind der Freiheit in diese Welt – hier kann man wirklich von einem wind of change sprechen. Man hört die Menschen förmlich aufatmen: Nicht eine kirchliche Obrigkeit oder deren Willkür bestimmt über meinen Glauben, sondern meine freiwillige Selbstbindung an das Wort Gottes."

Mit einem abschließenden Plädoyer für Gnade versuchte der Bundespräsident, ein der Gegenwart überwiegend fremdes Wort wieder verständlich zu machen:

„Gnade: damals ein zentrales – heute vielleicht ein fremdes Wort. Und dabei, so scheint es mir, hätten wir gerade heute nichts so nötig wie Gnade. Gnade zuerst mit uns selbst, damit wir nicht vor immer neuer Selbsterfindung und Selbstoptimierung schließlich in verzweifelter Erschöpfung landen. Gnade auch mit unseren Mitmenschen, die eben fehlbare und unvollkommene Wesen sind wie wir selber und von denen wir doch häufig Perfektion und reibungsloses Funktionieren erwarten. Es macht sich zudem in unserer Gesellschaft, von Internetforen bis hin zu politischen Debatten, ein Ungeist der Gnadenlosigkeit breit, des Niedermachens, der Selbstgerechtigkeit, der Verachtung, der für uns alle brandgefährlich ist."

Gauck schloss seine Rede mit dem Wunsch, dass auch Menschen ohne ein Verhältnis zur Religion im Reformationsjahr etwas von Gnade erfahren könnten – damit war ihm eine meisterhafte Umschreibung eines Grundanliegens reformatorischer Rechtfertigungslehre für eine dem Christentum gegenüber vielfach distante Gesellschaft gelungen. Zugleich hatte er deutlich gemacht, warum es auch für einen säkularen Staat gute Gründe gibt, sich an einem Reformationsjubiläum ungeachtet aller Kritik zu beteiligen.

Wissenschaftliche Kontroversen und ökumenische Perspektiven: So wie die Debatten um Logo und Motto wie durch eine Lupe die großen Diskussionen über Inhalt und Gestalt des Jubiläums erkennen lassen, so zeigen die großen wissenschaftlichen Kontroversen ebenso wie die überraschende ökumenische Verständigung, dass das Reformationsjubiläum insgesamt wie ein Brennglas Verhältnisse innerhalb von Wissenschaft, Kirche und Gesellschaft zeigte. Schon deswegen war alles Geld, war alles Engagement, das in diese Feiern investiert wurde, gut angelegt. Denn es hat eine ganze Reihe von Denkanstößen für kirchliche Aufgaben in den kommenden Jahren freigesetzt, mit denen wir uns im letzten Abschnitt dieses Buches noch ausführlicher beschäftigen werden.

Reformatorisches Christentum ist kein Oberseminar für Gebildete

Natürlich bestand das Reformationsjubiläum 2017 nicht nur aus wissenschaftlichen Kontroversen und ökumenischen Entdeckungen. Es so zu beschreiben, wäre die Weltsicht ausschließlich vom Schreibtisch eines Professors, vom Sofa eines Zeitungslesers aus. Dabei merkt man dem Protestantismus schon genug an, dass Wittenberger Professoren ihn maßgeblich auf den Weg gebracht haben: Da steht in vielen Gottesdiensten Sonntags einer (und inzwischen auch oft eine) an einem Pult oder auf einer Kanzel, gewandet in eben den Gelehrtentalar, den wir vom Bild Cranachs kennen, das die Dachmarke des Jubiläums verfremdete. Sorgfältig ausgebildet sind die, die da sprechen, für das Studium und die Erklärung der Heiligen Schrift, mindestens vom Prinzip her in der Lage, die Texte aus dem ursprünglichen Hebräisch, Aramäisch und Griechisch selbständig ins Deutsche zu übersetzen und sich über den Stand der fachwissenschaftlichen Erklärung kundig zu machen. Sie haben Grundprobleme der großen Philosophen studiert, wissen etwas vom Aufstieg der Metaphysik und ihrem jähen Fall und können in der Sprache ihrer akademischen Lehrer (und inzwischen auch Lehrerinnen) parlieren über Gott und die Welt. Jeder Pfarrer, jede Pfarrerin ein kleiner Luther, Doktor der Heiligen Schrift, Professor der Wittenberger Fakultät, jeder Gottesdienst eine kleine Vorlesung? Fulbert Steffensky hat in seinem Buch „Feier des Lebens. Spiritualität im Alltag“ (1984) geschrieben: „Bösartig ausgedrückt: Der Protestantismus besteht aus seinen Theologen und seiner eigenen Verwaltung." Steffensky muss es eigentlich wissen, denn er war, bevor er 1969 zum evangelischen Glauben konvertierte, 15 Jahre Benediktinermönch der Abtei Maria Laach und kann vergleichen. Der Pfarrer, die Pfarrerin spricht, die Gemeinde ist – wie Steffensky schreibt – vor allem hörende Gemeinde. Dazwischenrufen, intervenieren, gar klatschen oder protestieren gilt als unfein. Wer am Kirchenausgang nicht schnell „Danke" murmelt, sondern zu einer regelrechten Predigtkritik ansetzt, hält den Betrieb beim Händeschütteln auf. „Schreiben Sie mir doch eine Mail. Gesegneten Sonntag noch." „Der Protestantismus wurde ein Theologen- und Intellektuellenglaube", schreibt Steffensky. Man könnte auch sagen: Was Wittenberger Professoren begannen, blieb vielfach in Professorenhand.

Natürlich ist das nicht alles, was über das evangelische Christentum zu sagen ist. Aber ein wenig Wahrheit steckt in dieser zugegeben etwas polemischen Sicht auf die evangelische Kirche, ihre Pfarrerinnen und Pfarrer und auf ihre Gottesdienste. Und manche Professoren markierten mit aufgeregter Stimme, wenn die Reformationsbotschafterin sich nicht auf universitärem Niveau über die Geschichte reformatorischer Bewegungen oder Grundzüge der Theologie Martin Luthers äußerte, und argumentieren sogar dafür, die evangelische Kirche noch mehr einem universitären Oberseminar für die gebildeten Schichten anzunähern. Nun könnte man die Frage stellen, ob es theologisch überhaupt ein sinnvolles Projekt ist, Praxis gelebten Christentums in ein Oberseminar für gebildete Stände zu verwandeln, und eine erfolgversprechende Strategie, das Unsrige dazu beizutragen, dass in mitteleuropäischen Breitengraden noch Kirchen der Reformation fortexistieren. Es ließe sich auch vortrefflich darüber diskutieren, ob eine bestimmte Phänomenologie gelebter Religiosität im 21. Jahrhundert im Hintergrund des Programms „Christentum als Oberseminar" steht oder nur gelehrte, leicht melancholische oder gar verbitterte Konstruktionen am Schreibtisch.

Aber in diesem Abschnitt des Buches soll es nicht noch einmal um mehr oder weniger gelehrte Kontroversen, nicht um mehr oder weniger schroffe Kritik am Reformationsjubiläum 2017 gehen, sondern darum, wie sehr im Reformationsjubiläum die Kirche eines Reformators präsent war, der immer zugleich *beides* konnte: scharfe polemische Texte heraushauen und zugleich sehr präzise, sorgfältig abgewogene Argumentationen zu schwierigsten gelehrten theologischen Problemen verfassen (wie beispielsweise zu der spätmittelalterlichen Debatte, ob neben den drei Personen Vater, Sohn und Heiliger Geist nicht die Trinität als Viertes neben den Dreien auf eine Quaternität führen müsse), hoch gelehrte exegetische Spezialvorlesungen über Jahre zu jedem einzelnen Vers eines biblischen Buches, meist aus dem Alten Testament, und zugleich Predigten über diese Texte, ganz frei von aller zur Schau gestellten Gelehrsamkeit, den Menschen zu Herzen geredet, äußerst scharfe kritische Schreiben an kirchliche und weltliche Autoritäten hart an der Grenze dessen, was man damals Unbotmäßigkeit nannte, und berührend nahe, tief seelsorgerliche Briefe, beispielsweise einem depressiven Musiker lebenskluge Ratschläge zum Umgang mit dieser damals noch gar nicht wirklich erkannten Krankheit gebend.

Im Reformationsjubiläum waren beide Seiten des Reformators präsent und von der zweiten, von allem Prunk der Gelehrsamkeit entfernten und ganz seelsorgerlichen Zuspitzung von Veranstaltungen und gemeinsamen Feiern soll hier nun die Rede sein. Auch deswegen, weil diese Dimensionen häufig eher belächelt, ironisiert oder gar als „Selbstbanalisierung" von Kirche und Theologie abgelehnt werden, obwohl es vermutlich die höchste Kunst ist, ein schwieriges Thema so einfach zu entfalten, dass es zwar vereinfacht, aber nicht simplifiziert wird, werden hier drei charakteristische Beispiele aus dem Jubiläum stellvertretend für viele andere vorgestellt.

Als *erstes Beispiel* kann das „Nordkirchenschiff" dienen, eine Dreimast-Bark, die dreizehn Häfen an Nord- und Ostsee im

Bereich der Evangelischen-lutherischen Kirche in Norddeutschland von Greifswald bis Hamburg anlief (und einen dänischen Hafen dazu).

Auf diese Weise steuerte man alle Kirchenkreise der Landeskirche an. Seetage wechselten mit Hafentagen, zum Abschluss des Törns bilanzierte die Hamburger Bischöfin Kirsten Fehrs, dass Hunderte Menschen Teile der Strecke an Bord mitgesegelt waren, insgesamt 25 000 Menschen in den Häfen gekommen waren, und verwies darauf, dass man mit dem (gecharterten) Traditionssegler Artemis gut zum Ausdruck bringen könne, was die Reformation neu entdeckt habe: christliche Gemeinschaft und christliche Freiheit. Außerdem sei das Schiff ein überaus traditionelles Symbol für Kirche, schon in der Bibel und dann erst recht in der christlichen Tradition: ein Kirchenschiff, ein Nordkirchenschiff. Gemeinschaft entstand schon dadurch, dass Gäste, die mitfahren wollten, Hand anlegen mussten beim Segeln, aber auch ganz klassisch gottesdienstliche Formen wie regelmäßige Andachten angeboten wurden. Die meisten „Landratten“, die zum ersten Mal die Planken eines Segelschiffs betreten, empfinden zwar zunächst Angst, irgendwann aber auch ein tiefes Gefühl von Freiheit.

Ein *weiteres Beispiel*: Zwei evangelische Landeskirchen im Süden der Bundesrepublik entschieden sich, für das Jubiläumsjahr 2017 eine Aktion „Baden-Württemberg liest Luther“ zu starten. Was auf den ersten Blick nach einer Idee für Bildungsbürger aussah, wurde dank des Einsatzes der Reformationsbeauftragten der Evangelischen Landeskirche in Württemberg, Christiane Kohler-Weiß, zu einem überaus spannenden Unternehmen mit deutlich größerer Reichweite. Frau Kohler-Weiß sorgte nämlich dafür, dass Martin Luthers Schrift „Von der Freiheit eines Christenmenschen" nicht nur in einer preiswerten Auszugsausgabe (für den sagenhaften Verkaufspreis von unter zwei Euro) verteilt werden konnte und also Kirchengemeinden ganze Lesekreise bequem mit eigenen Texten ausstatten konnten. Sie stellte vielmehr in der handlichen Broschüre, die den Text enthält, Auszüge aus der Schrift in Leichter Sprache voran.

Wer einmal gebeten wurde, für ein Fernsehinterview seinen Satz ohne mehrere untergliedernde Nebensätze zu wiederholen und sich auf wenige Kernaussagen zu beschränken, weiß, dass man mit entsprechenden Formulierungen deutlich mehr Zuschauerinnen und Zuschauer erreicht. Leichte Sprache ist aber natürlich mehr als der Versuch, auf Nebensätze zu verzichten. Sie dient dem Ziel der Inklusion.

Die berühmte Doppelthese der Freiheitsschrift lautet im Buch der baden-württembergischen Aktion: „Ein Christ ist frei wie ein König. Er bestimmt alles, was er tut … Ein Christ ist gehorsam wie ein Diener. Andere bestimmen alles, was er tut." In einem ebenso ausführlichen wie programmatischen Vorwort zur Broschüre wies die württembergische Reformationsbeauftragte zunächst darauf hin, dass eine solche Veröffentlichung dem Gedanken der Inklusion Rechnung trage und Barrieren auf dem Gebiet der Kommunikation abbaue – entsprechend den weltweiten Übereinkommen, denen die Bundesrepublik Deutschland wie ihre deutschsprachigen Nachbarstaaten beigetreten sind. Sie machte aber auch darauf aufmerksam, dass es „einen gemeinsamen Nenner zwischen der Leichten Sprache und dem Anliegen reformatorischer Theologie" gibt: „Unabhängig vom Bildungsgrad und kognitiven Fähigkeiten soll es allen Menschen möglich sein, selbst zu entdecken und zu verstehen, was Gott für uns tut." Es wirkt tatsächlich mehr als deplatziert, wenn die Botschaft von der freien Gnadenwahl Gottes und der Rechtfertigung allein aus Glauben doch wieder an Bedingungen geknüpft wird und diese Bedingungen rein zufällig die Charakteristika derjenigen Bildungsschicht sind, die eigentlich die Botschaft von der bedingungslosen Gnade ausrichten sollte. Die Broschüre repräsentiert ein Vertrauen darauf, dass „gottlob ein Kind von sieben Jahren" wissen kann, was Kirche ist (so Luther in den Schmalkaldischen Artikeln 1537): Inklusion heißt, Menschen mit besonderen Bedürfnissen als glaubende (und lernende) Subjekte ernst zu nehmen und nicht nur als Objekte bildungsbürgerlicher Wissensvermittlung. Bewegend sind in dem Heft mit den zwei Versionen von Luthers Freiheitsschrift die Kommentare, mit denen Menschen aus diakonischen Einrichtungen ihre Lektüre der in Erprobung befindlichen Version in Leichter Sprache kommentierten: „Freiheit bedeutet für mich, keine Angst zu haben", sagt da eine Frau, die in der Karlshöhe in Ludwigsburg lebt und offenbar auch ohne eine lange Vorlesung über die Bedeutung von reformatorischem Sterbetrost etwas davon begriffen hat, dass der Zuspruch der Gnade Menschen von ihren tief sitzenden Ängsten befreien kann. Die Aktion „Baden-Württemberg liest Luther" war zudem von Materialheften und einer Internetpräsentation begleitet, die für verschiedene gemeindliche und außergemeindliche, schulische und private Situationen eine Fülle von Anregungen bot, didaktische Hinweise und Literaturanregungen. Der Text des Buches wurde zudem gratis zum Herunterladen angeboten. Wenn man das dünne, aber gehaltvolle Heft und die Materialien zu dem Heft gelesen hat, merkt man, dass hier Menschen gearbeitet haben, die sich über den Forschungsstand zur Freiheitsschrift sehr wohl aufmerksam kundig gemacht hatten, aber zugleich offenbar auch von dem reformatorischen Bildungsideal erfüllt waren, wie es sich bei Philipp Melanchthon vielleicht am deutlichsten zeigt.

Ein *drittes und letztes Beispiel*: In ganz anderer Weise gelang es Dieter Falk und Michael Kunze, Anliegen Martin Luthers in zeitgenössischen Medienformaten auszudrücken – beide schufen ein „Pop-Oratorium Luther“, das während des Reformations-Jubiläumsjahres 2017 ein großes Publikum und viele Mitwirkende begeisterte. Den meisten, die das Oratorium hörten, sahen oder mitsangen und mitmusizierten, wurde aber nicht nur aufgrund der mitreißenden Musik ein unvergessliches Gemeinschaftserlebnis verschafft, sie wurden vielmehr zu einer Beschäftigung mit Grundanliegen der reformatorischen Theologie Luthers angeregt: „Luther ins Wohnzimmer holen“, beschrieb der Komponist Dieter Falk in einem Gespräch sein Anliegen.

Das Stück enthält viele Traditionszitate, auf leichte Weise zusammengemischt: Neben Anspielungen auf Renaissance-Musik und den Klang damaliger Instrumente und barocken Cembalo-Improvisationen finden sich aber auch Charleston-Rhythmen und entsprechende Tanzmusik als Basis von Stücken. Falk und Kunze verfügen über lange Erfahrungen mit religiösen Stoffen und Melodien, beide hatten schon gemeinsam gearbeitet und sind seit längerem ein fester Bestandteil des bundesdeutschen Populärmusikbetriebes mit entsprechend großen Erfolgen: Der Musikproduzent, Musiker und Komponist Dieter Falk hat als Studiomusiker u.a. mit Gitte Hænning und Katja Ebstein gearbeitet und produzierte die Gruppe Pur und Daliah Lavi; der Lied- und Musicaltexter Michael Kunze hat Peter Maffay entdeckt und beispielsweise die Texte von „Die kleine Kneipe“ (Peter Alexander), „Ein Bett im Kornfeld“ (Jürgen Drews) und „Griechischer Wein“ (Udo Jürgens) und weiteren Top-Ten-Hits verfasst, aber auch für das Musical „Tanz der Vampire“ (1996)

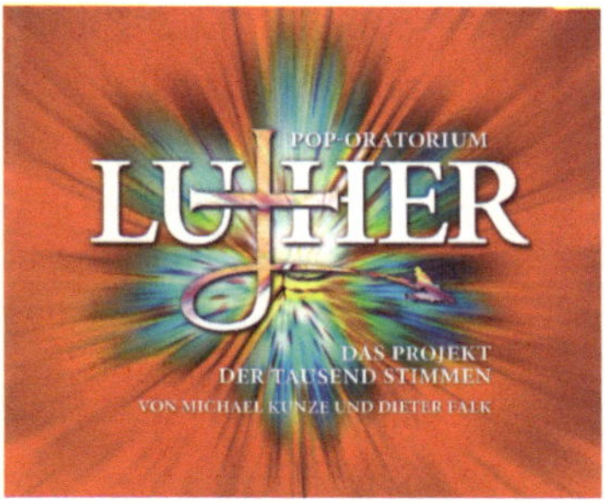

und „Mozart!“ (1999) getextet und diverse englische Musicals, vor allem von Andrew Lloyd Webber, ins Deutsche übersetzt. Falk hatte mit Kunze als Textdichter im Jahr 2009 das Pop-Oratorium „Die 10 Gebote“ komponiert und 2013 auf dessen Basis das Musical „Moses“ als Auftragsarbeit der „Creativen Kirche“, einer musikalischen Initiative aus dem Evangelischen Kirchenkreis Hattingen-Witten, erstmals aufgeführt. Im Rahmen des Reformationsjubiläums veranstaltete diese Stiftung Chorprojekte für Sängerinnen und Sänger aus Kirchenchören, Pop- und Gospelchören, Schul- und Jugendchören sowie interessierten Sängerinnen und Sängern ohne Chorzugehörigkeit. Am 31. Oktober 2015 wurde in der Dortmunder Westfalenhalle das von Falk und Kunze gemeinsam gestaltete „Pop-Oratorium Luther – das Projekt der tausend Stimmen“ uraufgeführt.

Das Werk begeisterte von Februar 2017 bis Anfang 2018 in insgesamt 14 Vorstellungen an zwölf größeren und kleineren Orten jeweils bis zu 13 000 Zuschauer. Neben regelmäßigen Mitwirkenden, einem Symphonieorchester, einer Rockband und den Musical-erfahrenen Solisten, traten in jeder Aufführung 600 bis zu 4 000 lokale Sängerinnen und Sänger als Projektchor auf, die meist aus Kirchenchören der Region stammten und sich bis zu einem halben Jahr auf die Aufführungen in kleineren Gruppen vorbereitet hatten. Am Tage der dreistündigen Aufführung brachte die Generalprobe den gigantischen Chor jeweils erstmals (und die Aufführung dann letztmals) zusammen. Eine Bühnenshow mit Licht und anderen Effekten rahmte Handlung, Text und Musik. Die Kompositionsgeschichte zeigt, wie eng Falk und Kunze zusammenarbeiteten; Text und Musik entstanden nicht unabhängig voneinander: Um dem Ziel näher zu kommen, „Luther ins Wohnzimmer zu holen“, schickte Falk musikalische Kernsequenzen an Kunze, der darüber seine Texte legte und die Sequenzen mit Falk zu einem Pop-Oratorium zusammenfügte. Für Sängerinnen und Sänger mit guter Chorerfahrung sind die eingängigen Melodien sehr leicht zu singen, wenig erfahrenen Mitwirkenden verschafft das (durch Üb-CDs und andere Hilfsmittel vorbereitete) Singen die große Befriedigung, teilweise erstmals an einem großen musikalischen Ereignis selbst mitwirken zu können. Wie Falks Kompositionen immer wieder durch verjazzte oder verrockte Sequenzen aus Chorälen der Reformationszeit und des Barock charakterisiert sind, so auch hier – so singt der Chor beispielsweise vor einigen Nummern den ganz klassisch gesetzten Luther-Choral „Christ ist erstanden" ohne Text oder es wird mit kürzeren Sequenzen auf ihn angespielt; man merkt, dass der Musiker sich schon vielfach mit Chorälen von Paul Gerhardt und Martin Luther auseinandergesetzt und klassische Melodien von Johann Sebastian Bach mit Hammond-Orgel, E-Piano und einer Big-Band auf der Basis von musikalischen Mitteln von Rock, Pop und Jazz neu interpretiert hat („A Tribute to Martin Luther"; „A Tribute to Paul Gerhardt").

Das „Pop-Oratorium Luther" fragt zu Beginn: „Wer ist Luther" und konzentriert sich dann in 17 Szenen auf Luthers Auftritt beim Reichstag in Worms und seine Vor- und unmittelbare Nachgeschichte. Der riesige Chor ist eigentlich der Hauptdarsteller, der das mündig gewordene Volk repräsentiert, neben Luther tritt beispielsweise eine Marketenderin namens Lara, Jugendfreundin Luthers, als Erzählerin und wie alle Solisten in Kostümen der Gegenwart auf. Auch Paulus hat einen Auftritt und weist Luther auf seinen Römerbrief hin. Eher subkutan wird reformationsgeschichtliches Wissen eingeführt („Ein Wort hat sie befreit. Jetzt gehts von Hand zu Hand. Multiplikation bricht die Tradition. Multiplikation ist die Zukunft. Wissensexplosion. Illumination. Multiplikation ist die Zukunft"). In einer Schlüsselszene vor dem Wormser Verhör lässt Kunze seinen Luther-Darsteller singen:

> „Gott, du gabst mir ein Gewissen. Gott, du gabst mir den Verstand. Was wir glauben, was wir wissen. Das liegt alles ganz in deiner Hand. Dein Wort gibt uns Licht und Klarheit. Du willst,

> dass wir dich verstehn. Menschenmacht verfälscht die Wahrheit, dass die Lüge siegt, darf nicht geschehen … Ich will selber denken, ich mit Gott allein. Selber denken, ohne Zwang. Ich will selber denken, um gewiss zu sein, was gut und richtig ist. Auch, wenn sie mich Ketzer nennen. Und mich zerren vor ein Gericht. Und selbst, wenn sie mich verbrennen. Meinen Glauben nehmen sie mir nicht …"

Die eher einem neuzeitlichen Verständnis von Individualität entgegenkommende Formulierung „Ich will selber denken" wird ausbalanciert durch: „Ich mit Gott allein." Luthers Wormser Erfahrung, dass das Wort Gottes sein Gewissen gefangen nimmt und er nicht frei über die Welt räsonieren kann, ist ausgedrückt in dem „Was wir glauben, was wir wissen. Das liegt alles ganz in deiner Hand". Auch die treffende Zusammenfassung lutherischer Theologie „Wir sind Gottes Kinder, wo auch immer. Keiner ist allein. Und sind wir auch Sünder, es muss niemand ohne Hoffnung sein. Oh nein … Wir sind Gottes Kinder, lasst uns mutig und wahrhaftig sein" ist mit einer überaus eingängigen Melodie unterlegt, die das Publikum in die Handlung und eine Kernbotschaft reformatorischer Theologie einbezieht. Wenn in dem Pop-Oratorium die gelegentlich verzagte und furchtsame Persönlichkeit Luthers sehr glaubhaft erscheint, verkraftet man vielleicht, dass Kunze und Falk in ihren Zeilen auch von der klassischen Legende des hammerschwingenden Luther singen lassen (eingeleitet durch die Melodie „Ein feste Burg", streng klassisch, aber auf einer vergnüglich bewegten Jazz-Melodie zur Begleitung, mit einem – hier teilweise kursiv gedruckten – Wechselgesang des Chors, zum Abschluss der Choral mit Text, eher klassisch gesetzt):

> „Als man ihn Ketzer nannte und als der Papst ihn bannte, erwachten selbst die Trägen von Luthers Hammerschlägen … Überall war Angst. *Blinde Angst und Not.* Angst vor Tod und Nacht. *Blinde Angst und Not* … Luthers Thesen warn. *Voller Kraft und Wut.* Jeder Hammerschlag … *Voller Kraft und Wut* … Jedes Wort so stark … *Voller Kraft und Wut.* Ein feste Burg ist unser Gott. Ein

gute Wehr und Waffen. Er hilft uns frei aus aller Not. Die uns jetzt hat betroffen. Der alt böse Feind mit Ernst er's jetzt meint. Groß Macht und viel List sein grausam Rüstung ist, auf Erd ist nicht seinsgleichen."

Luthers Anfechtung wird Thema, ebenso wie die Machtspiele zwischen den Fürsten und dem Kaiser, zwischen Mönchen und Bischöfen Teil des Textes und der Musik sind. Die Diskussionen der Leipziger Disputation sind als Teil einer Selbstreflexion Luthers präsent, ohne dass der ganze historische Hintergrund die auf Worms konzentrierte Handlung stört. Unter der Überschrift „Anfechtung" wird sehr präzise reformatorische Worttheologie vermittelt: „Das Wort schenkt Glauben", singt Martin Luther, während der Chor begleitet: „Iustificatio. Sola fide, sola fide, sola fide. Sola gratia, sola fide, sola fide, sola fide. Sola scriptura, sola fide, sola fide, sola fide." Im Finale werden Motive aus dem Anfang aufgegriffen, die Formulierung „Jeder sollte selber denken, selber denken, so wie Martin Luther" verbindet das Schicksal des Protagonisten mit dem des Publikums und „Wir alle sind, alle sind Gottes Kinder" wird ebenfalls noch mehrfach wiederholt.

Das „Nordkirchenschiff", die Initiative, allen das Lesen und Bedenken der Freiheitsschrift Luthers zu ermöglichen und dazu das Medium „Leichte Sprache" zu nutzen und die Komposition eines eingängigen Pop-Oratoriums sind drei Versuche, Grundinhalte reformatorischer Theologie lutherischer Prägung Menschen zu vermitteln, die durch die traditionelle Sprache nur begrenzt angesprochen werden können. Auffällig ist an allen Versuchen, dass man merkt, wie sehr die Verantwortlichen sich bemüht haben, Ergebnisse reformationsgeschichtlicher Forschung und theologischer Diskussionen in ihre Versuche einer Transformation der reformatorischen Botschaft einzubringen, auch wenn natürlich nicht immer die letzten Windungen der Diskussion aufgenommen sind – reformatorisches Christentum ist eben kein Oberseminar für Gebildete.

Natürlich könnte man – ginge es hier um eine möglichst vollständige Zusammenstellung von Ereignissen und Veranstaltungen einer zehnjährigen Jubiläumsfeier samt Vorbereitung – nun auch in diesem Abschnitt größere Mengen von Versuchen einer Popularisierung und Verbreitung reformatorischer Anliegen in breiteren Kreisen aufzählen, müsste dann aber jeweils untersuchen, welche Kreise angesprochen, welche ursprünglichen Erwartungen erfüllt wurden, welche spezifischen Qualitätsstandards wie eingehalten wurden und ob die Transformation reformatorischer Anliegen gelungen ist. Aber darauf kommt es hier gar nicht an, gezeigt werden sollte vielmehr an drei charakteristischen Beispielen, dass es beim Reformationsjubiläum 2017 immer wieder einmal gut gelungen ist, ohne Banalisierung und Simplifizierung Schritte aus dem akademischen und bildungsbürgerlichen Milieu in unterschiedliche Öffentlichkeiten außerhalb der Kirchentüren zu tun.

Nach der Feier ist vor der Feier

Mitten im Reformationsjahr 2017 zeigte das Museum Heylshof in Worms eine Ausstellung unter dem Titel „Luther 1521 in Worms – der Ort des Geschehens“. Im Zentrum der Schau standen 3-D-Video-Animationen, die das Aussehen der Stadt Worms während des berühmten Auftrittes von Luther auf dem Reichstag zu visualisieren versuchten. Da die Stadt Worms sowohl im Pfälzischen Erbfolgekrieg Ende des 17. Jahrhunderts als auch im Zweiten Weltkrieg fast vollständig zerstört wurde, bemühte sich das Museum, Menschen eine Art optischer Anschauung zu den Kontexten von Luthers Besuch in der Stadt zu vermitteln. Im Zentrum stand mit dem neben dem Dom gelegenen und vollständig verschwundenen Bischofshof jener Ort, an dem der Auftritt Luthers vermutlich stattgefunden hat. Zum Mittel einer statischen Animation hatte das Museum gegriffen, weil zwar Abbildungen des Äußeren existieren, aber keine authentischen Darstellungen, die eine Rekonstruktion der Innenarchitektur des Gebäudes ermöglicht hätten.

Die Wormser Präsentation auf Fernsehschirmen wirkte (jedenfalls für die, die das große Panorama in Wittenberg besucht hatten) wie die kleine Schwester des großen Rundgemäldes von Yadegar Asisi in Wittenberg unter dem Titel „Luther“ (Asisi hat vorher auch schon Panoramen in Berlin, Dresden und Leipzig zu verschiedenen Themen von der Antike bis in die Gegenwart gestaltet): Während in Wittenberg in einem

eigens errichteten Panorama-Gebäude in der Tradition des 19. Jahrhunderts eine Projektion einen ganzen Tag mit Licht, Schatten und Dunkelheit simuliert und auf dem 15 x 75 Meter großen Rundbild viele Alltags-, aber auch historische Ereignisse und Personen samt einem Moment nach dem Thesenanschlag mit Luther dargestellt werden, zeigt die Ausstellung in Worms eine menschenleere Stadt.

Auch wenn die Wormser Ausstellung offensichtlich mit weniger Finanzmitteln auskommen musste, als für das beeindruckende Panorama von Yadegar Asisi in Wittenberg zur Verfügung standen, gelang doch auch in Worms eine überzeugende Visualisierung eines untrennbar mit der Geschichte reformatorischer Bewegungen verbundenen Ereignisses. Überraschend war allein die Tatsache, dass man in Worms schon jetzt auf ein Ereignis des Jahres 1521 zurückblickte – oder eben vorausblickte. Damit machte die Wormser Ausstellung deutlich, was nicht nur in Worms gilt: *Nach* dem Jubiläum ist in Wahrheit *vor* dem Jubiläum.

Kaum notwendig, die großen Ereignisse aufzuzählen, die in den nächsten Jahren durchaus nicht nur von lokaler Bedeutung sind und vermutlich ebenfalls durch Festgottesdienste, Ausstellungen, Symposien und Kulturereignisse gefeiert werden (selbst wenn „1517" beziehungsweise „2017" pars pro toto für eine ganze Reformationsbewegung stand und die Feierlichkeiten entsprechend gestaltet wurden): *Reichstag zu Augsburg 1518* – bei seinem Rückblick auf das Verhör durch Kardinal Cajetan formulierte Luther erstmals seine auf das selbstwirksame göttliche Wort konzentrierte Theologie einer Vermittlung der rechtfertigenden Gnade allein durch Gott im mündlich verkündigten biblischen Wort; *Leipziger Disputation 1519* – hier explizierte Luther zentrale Konsequenzen seiner theologischen Einsichten für die Hierarchie der Autoritäten und Autorisierungen theologischer Aussagen und kirchlicher Strukturen und eben *Reichstag zu Worms 1521* – hier berief sich Luther nicht nur auf die Unhintergehbarkeit des Gewissens, sondern trat als Professor einer relativ jungen Reformuniversität mit für einen Bettelmönch schier unerhörtem Selbstbewusstsein „vor Kaiser und Reich" auf. Selbstverständlich darf man nicht – als ob man in den Bahnen einer traditionellen Vorstellung der Reformationsgeschichte von einer „lutherischen Engführung" stünde – nur an Ereignisse aus dem Leben eines Wittenberger Bibelwissenschaftlers denken, wenn man die kommenden Jubiläen wenigstens ansatzweise in den Blick nehmen will. Ein einziges Beispiel: Am Frühabend des ersten Fastensonntags im März 1522 fand im Hause des Buchdruckers Christoph Froschauer in Zürich ein demonstrativer Akt des Fastenbrechens in der Passionszeit statt. Mit diesem Akt begann die öffentliche Auseinandersetzung um die Predigten von Huldrych Zwingli, damals Leutpriester am Züricher Großmünster. Zwingli aß zwar selbst nicht mit, als – in manchen Zügen analog zum letzten Abendmahl Jesu – zwei geräucherte Würste in Stücke geschnitten und an die Gäste verteilt wurden, aber sah in dem illegalen Akt ein Bekenntnis zur christlichen Freiheit. Es gäbe also gute Gründe, im März 2022 nicht nur in Zürich an das zu erinnern, was ein deutscher Reformationshistoriker einmal programmatisch „Zwinglis Reformation der Freiheit" genannt hat (Berndt Hamm). Da zu den Charakteristika des Jubiläums 2017 ohne Zweifel gehört, dass die europäische Dimension der Reformation wesentlich stärker in den Blick gerückt ist, könnte man bereits für die 20er Jahre des 16. Jahrhunderts und dann erst recht für die folgenden Jahrzehnte viele *nichtdeutsche* Anlässe nennen, die auch in Deutschland Aufmerksamkeit verdienen. Ohne Zweifel gehört ja die Entstehung eines „protestantischen Europa" zu den Ergebnissen der reformatorischen Bewegungen und wurde durch die weitgespannten brieflichen Kommunikationsnetze und persönlichen Begegnungen vieler Reformatoren wie Martin Bucer, Johannes Calvin oder Philipp Melanchthon vorbereitet. Solche europäisch bedeutsamen Ereignisse werden vermutlich auch in der einen oder anderen Weise gefeiert werden (und hoffentlich europäisch), wenn denn die Idee, Europa in

Gestalt einer gemeinsam geteilten Erinnerung seine Seele zu geben (so die berühmte Formulierung von Jacques Delors), weiter verfolgt werden wird, gerade auch von den Kirchen.

Reicht aber der Atem für so viele Feiern? Wird man des Feierns nicht bald müde werden, wenn überhaupt Geld, Kraft und personelle Kapazitäten dafür vorhanden sind? Nachdem schon bei der ersten Planung einer zehnjährigen Luther-Dekade (später dann: Reformations-Dekade) die Frage aufkam, ob sich eine solche außergewöhnlich lange Zeit der Vorbereitung überhaupt durchhalten lässt, stellt sich die Frage angesichts der Länge der Liste von Ereignissen, die in den nächsten Jahren und Jahrzehnten die Feier lohnen, erst recht. Mitten im Reformationsjahr erklärte ein kluger Journalist, das Reformationsjubiläum 2017 sei „die letzte Party des Gremienprotestantismus" gewesen, weil angesichts des schon aus demographischen Gründen zu erwartenden Mitgliederschwundes in den evangelischen Landeskirchen auch die Einnahmen bis 2030 um die Hälfte zurückgehen würden und daher opulentes Feiern gar nicht mehr angesagt und finanzierbar sei. Auch wenn man das Etikett „Party des Gremienprotestantismus" angesichts der vielen Menschen aus Kirchengemeinden und säkularen Zusammenhängen, die die vielen Veranstaltungen des Jubiläums besucht haben, für irreführend hält und eher für einen Eindruck, der durch die in den Medien publizierten Bilder entstehen konnte, bleibt natürlich die Frage, ob überhaupt so weitergefeiert werden sollte, wie in den Jahren 2008 bis 2017 gefeiert wurde.

Man könnte nun in Reaktion die Frage abweisen und daran erinnern, dass nach dem letzten Jubiläum des Thesenanschlags im Jahre 1967 – jedenfalls wenn die Erinnerung nicht täuscht – gleichsam Jahr um Jahr kleinere Festakte, Festgottesdienste und mehr oder weniger umfangreiche Symposien stattfanden, deren Tagungsakten sich heute in den öffentlichen und privaten Bibliotheken finden und gelegentlich konsultiert werden. 532 Seiten 1971 über den Reichstag zu

Worms mit dem Untertitel „Reichspolitik und Luthersache" beispielsweise, im Auftrag der Stadt Worms herausgegeben und im Internet für unter 20 Euro zu beziehen. Wenn nicht alles täuscht, bildete nur das Jubiläum des Augsburger Bekenntnisses 1980 eine gewisse Ausnahme im Blick auf seine ökumenische Nachhaltigkeit. Auch wenn es sich damals kaum um eine sonderlich öffentlichkeitswirksame Feier handelte, sondern vor allem Texte veröffentlicht wurden und kirchlich gebundene Menschen zu Tagungen, Synoden und Festakten zusammenkamen, fällt doch der seinerzeitige Versuch der verantwortlichen Vereinigten Evangelisch-Lutherischen Kirche in Deutschland (VELKD) auf, die *Confessio Augustana* für die Etablierung eines Grundkonsenses mit der römisch-katholischen Kirche zu nutzen. Diese spezifische Ausrichtung der Feiern versteht man nur, wenn man sich die innerevangelischen Dynamiken zwischen EKD, VELKD und den unierten beziehungsweise reformierten Zusammenschlüssen vor Augen hält. Gefeiert wurde sicher auch deswegen, weil bis zur deutschen Wiedervereinigung eben nur wenige Stätten der lutherischen Reformation auf westdeutschem Boden lagen. Wenn man sich zudem klarmacht, dass eine Ansprache des Papstes Johannes Paul II. auf einer Generalaudienz in Rom während der Jubiläumsfeierlichkeiten in zwei Fassungen existierte und anerkennende Worte für das reformatorische Bekenntnis dann doch vom Papst in der Generalaudienz nicht vorgetragen wurden, so wird deutlich, dass die doppelte Perspektive des halb vollen oder halb leeren Glases im Blick auf die Ökumene nicht erst zum Jubiläum 2017 aufkam, sondern die Beurteilung des ökumenischen Dialogs seit langem charakterisiert und besonders bei Jubiläen gern ventiliert wird.

Die Frage, ob nach dem Jubiläum tatsächlich *vor* dem Jubiläum ist, muss also nicht nur angesichts der vielfältigen künftigen Jubiläumstermine gestellt werden. Sie sollte auch angesichts der kontroversen Debatten über das Jubiläum diskutiert werden. Auch wenn manche Kritik überzogen daherkam und polemisch vorgebracht wurde, lohnt das Nachdenken über Einwände. Selbstkritik ist, wenn sie nicht zur erzwungenen Attitüde verkommt, immer hilfreich. Außerdem gäbe es auch sonst viele gute Gründe, zunächst einmal innezuhalten und nicht einfach nur weiterzufeiern. Der Hannoveraner Landesbischof Ralf Meister hat schon im Jahre 2016 vor der Synode seiner Kirche den schönen Vorschlag gemacht, in der biblischen Tradition der Schabbat-Jahre im Jahr 2019 einmal inne zu halten und „Freiräume zu schaffen für geistliche Konzentration und das Nachdenken über unser Leben als Kirche in gedrängten Zeiten". Er spricht von einem Jahr des Auftankens und schlägt Maßnahmen zur Entschleunigung vor, beispielsweise den „Verzicht auf landeskirchliche Großveranstaltungen oder die Überprüfung der Anzahl von Gremiensitzungen. Es könnten Verabredungen erfolgen, auf E-Mail-Verkehr nach 20.00 Uhr im Regelfall zu verzichten oder sich in Gremien bewusst Zeit zu nehmen für geistliche Themen – und zwar anstatt anderer Tagesordnungspunkte und nicht zusätzlich."

Wie man auch immer über diesen Vorschlag denkt, sich für ein Jahr einmal eine besondere Agenda vorzunehmen und nicht einfach im Alltagstrott – oder eben: Feier-Modus – weiterzumachen, biblische und arbeitsökonomische Gründe dafür, auch nach dem Reformationsjubiläum erst einmal innezuhalten, gäbe es genügend. In einem solchen Jahr könnte man die vergangenen zehn Jahre seit 2008 in aller Ruhe nach fachwissenschaftlichen Methoden auswerten lassen, mit Kritikern in ein ausführliches Gespräch eintreten (beispielsweise in Form von Hearings) und überlegen, wohin in den nächsten Jahren die Reise gehen soll. Ein Kritikpunkt aus den Einwänden gegen die Feier des letzten Jubiläums lohnt dabei besonders das Nachdenken: Insbesondere in der Nachlese zum Deutschen Evangelischen Kirchentag Berlin/Wittenberg im Mai 2017 und zur Weltausstellung in den Wallanlagen von Wittenberg wurde immer wieder kritisch nachgefragt, ob die anfänglichen Planungen nicht zu groß geraten waren und entsprechend zu kostenintensiv kalkuliert wurde. Vor allem die „Weltausstellung Reformation“ ist in dieser Hinsicht in die Schlagzeilen geraten und hat Formulierungen wie die eingangs zitierte „Luther ist die Pleite des Jahres“ provoziert. Wohl füllten und füllen Gäste aus aller Welt die Wittenberger Schloss- und Stadtkirche, Luthers und Melanchthons Wohnhaus, besuchen in Scharen das erwähnte Panorama des Künstlers Yadegar Asisi und die moderne Kunstausstellung „Luther und die Avantgarde“. Doch in die Wallanlagen, die die Altstadt umgeben und die bis zum Jubiläumsjahr eher nur den Einheimischen bekannt waren, zog es anfangs längst nicht so viele Menschen. Dort war bis September 2017 die Weltausstellung mit sieben „Toren der Freiheit“ und vielen Einzelangeboten von Landeskirchen und anderen Institutionen zu sehen. Viele Aussteller hatten sich große Mühe gegeben und entsprechend beeindruckt erzählten viele von der Lichtkirche der Evangelischen Kirche in Hessen und Nassau, debattierten angesichts eines Segensroboters darüber, ob personale Zuwendung als Kategorie bei Segen überhaupt dispensibel sein kann und ob mancher lebendige Mensch im Gottesdienst nicht wie ein Roboter segnet, staunten in der „Berufungsfabrik“ der Einrichtungen und Dienste der Kirche, die sich mit Wirtschaft und Arbeitswelt beschäftigen, wie Martin Luthers Verständnis von Arbeit und Beruf unter dem Stichwort „Berufung“ auf die Gegenwart bezogen wurde, nahmen sich Zeit für den „Erlebnisraum Taufe“ der Evangelisch-lutherischen Landeskirche Hannovers oder feierten eines der religiösen Feste mit. Trotzdem wurde die in der Kalkulation ursprünglich angesetzte Zahl von 500 000 zahlenden Gästen für die Ausstellung offenbar deutlich unterschritten.

Wenn dem so ist, dann teilt die Vorbereitung des Reformationsjubiläums 2017 ein Charakteristikum mit einem anderen breit diskutierten öffentlichen Großprojekt der letzten zehn Jahre, nämlich der baulichen und inhaltlichen Vorbereitung des Humboldt-Forums in der Berliner Mitte: Auch bei diesem

Großprojekt des Bundes verführte die elementare Begeisterung über das Geplante die Akteure dazu, sehr hohe Erwartungen zu wecken. Sprachliche Indikatoren solcher sehr hohen Erwartungen sind Superlative, inhaltliche Zeichen die Behauptung, hier werde weltweit Einmaliges vorbereitet – obwohl auf der Spreeinsel doch „nur" ein Verband ethnologischer Museen, ein Kulturzentrum und ein Landesmuseum der Hauptstadt gemeinsam mit einer Universität ein großes Zentrum für außereuropäische Kulturen in der baulichen Hülle eines Barockschlosses gestalten sollen. Schon diese Herausforderung ist, wie vergleichbare Einrichtungen – beispielsweise das Centre Pompidou in Paris – zeigen, schwierig genug. Die Zusammenarbeit eines Museums für moderne Kunst, eines Zentrums für Industriedesign, einer öffentlichen Bibliothek sowie eines Musikforschungszentrums mit einer Kinderwerkstatt, dazu Kino-, Theater- und Vortragssäle, eine Buchhandlung samt einem Restaurant und Café zu organisieren und das Haus als mehr erscheinen zu lassen als einen reinen Gemischtwarenladen, ist eine Herausforderung für sich, die zu unterschiedlichen Zeiten im Centre in der Mitte von Paris unterschiedlich gut gelöst wurde. Angesichts der vielen kritischen Einwände gegen das Humboldt-Forum seit der Bekanntgabe der Pläne für diese Einrichtung und besonders in jüngster Zeit rief die für den Bau zuständige Staatsministerin für Kultur und Medien, Monika Grütters, jüngst dazu auf, allzu hohe Erwartungen tunlichst zu vermeiden. Auf die Frage nach den Beweggründen einer unerwartet kritischen öffentlichen Debatte über das Projekt sagte sie: „Vielleicht liegt das auch an den hohen Erwartungen? Wir dürfen das Humboldt-Forum nicht überfordern und überfrachten. Zweifel sind immer mal wieder angebracht. Man muss sie nur produktiv nutzen." Selbstverständlich unterscheiden sich die hohen Erwartungen, die ein Reformationsjubiläum zu wecken in der Lage war, in vielfacher Hinsicht von denen, die das Humboldt-Forum seit fast 15 Jahren freisetzt (oder jedenfalls freisetzen soll). Beim

Reformationsjubiläum blieben vor allem einzelne Formate deutlich hinter den Erwartungen zurück, so beispielsweise die „Kirchentage auf dem Wege“, Veranstaltungen, mit denen zusätzlich zu den Hauptveranstaltungsorten Berlin und Wittenberg auch in Dessau, Eisleben, Erfurt, Halle, Jena, Leipzig, Magdeburg oder Weimar Kirchentagsbegeisterung erzeugt werden sollte. Allerdings würde hier eine ruhige Analyse zeigen können, dass bestimmte Veranstaltungen dieses Formats – wie das Angebot einer riesigen Kaffeetafel mit Kuchen auf einer Haupteinkaufsstraße durch Leipziger Kirchengemeinden am Samstag des Kirchentages – bestens funktioniert haben, während andere – wie eine Bibelarbeit eines hochrangigen Politikers in einem großen Festsaal des Weimarer Stadtschlosses – eher weniger Aufmerksamkeit fanden. Wer je Großveranstaltungen zu planen hatte, weiß, dass ein gewisses Risiko nie zu vermeiden ist, wohlfeile Ratschläge immer gern gegeben werden, aber Fehlentscheidungen passieren. Umgekehrt gilt natürlich auch, dass erwartbare Fehlschläge vermieden werden sollten und, falls sie doch unterlaufen sind, gründlich analysiert werden sollten.

Die Analogie des Großprojektes Reformationsjubiläum zum Großprojekt Humboldt-Forum geht aber über diese, in Details recht unterschiedliche Gemeinsamkeit hinaus: Interessanterweise gab und gibt es auch beim Humboldt-Forum Debatten darüber, ob – beispielsweise im Blick auf die problematische Herkunft verschiedener Stücke eines ethnologischen Museums und das damit zusammenhängende Problem der kolonialen Sichtweisen auf fremde Kulturen – dem gegenwärtigen Stand von Wissenschaft und Ausstellungskultur wirklich schon Rechnung getragen wurde; manche dieser Diskussionen erinnern an Debatten darüber, ob die Planungen des Reformationsjubiläums wirklich auf dem letzten Stand der Reformationsgeschichtsforschung oder des allgemeinen Umgangs mit dem kulturellen Gedächtnis standen. In beiden Fällen wurde und wird öffentlich darüber debattiert, ob die richtigen Expertinnen und Experten in das Projekt einbezogen sind und ihre Einwände auch Gehör finden. Gleichzeitig überrennt die Öffentlichkeit an Tagen der Offenen Tür oder Baustellenführungen das im Bau befindliche Gebäude, wird die sogenannte Humboldt-Box mit einer Einführung in das Projekt und vorbereitenden Sonderausstellungen gern besucht und der Baufortschritt in der Stadt eifrig diskutiert. Auch hier gilt also: Das Humboldt-Forum ist mehr als eine gelehrte Diskussion über dieses Projekt in den Medien und universitären Fachzirkeln.

Wichtig ist aufgrund aller solcher Erfahrungen, angesichts der bevorstehenden Jubiläen in Zukunft noch gründlicher zu überlegen, was man eigentlich wie feiern möchte. Der (auf dem erwähnten Zeitschriftentitel von 2011 vermittelte) Eindruck „ratlos vor dem Reformationsjubiläum" zu sein, die Beobachtung eines durchaus in die Vorbereitungen mit einbezogenen katholischen Neutestamentlers aus dem Jahre 2014, es wisse „noch … niemand so recht, was eigentlich gefeiert wird und wer schließlich hingeht zum Fest", mögen sich aus der Perspektive derer, die professionell in Ämtern und in Beiräten an eben dieser Vorbereitung arbeiteten, unfreundlich bis merkwürdig ausnehmen. Solche Sätze sind aber als öffentlicher Eindruck sehr ernst zu nehmen – auch hier ergeben sich übrigens interessante Parallelen zum genannten Großprojekt des Berliner Humboldt-Forums, das durch viele Personen seit vielen Jahren vorbereitet wird, aber in der Öffentlichkeit immer wieder den Anschein einer noch nicht ausgereiften Konzeption und nicht abschließend durchdachten Detailplanung erweckt. Solche eher überraschenden Parallelen könnten daran liegen, dass vergleichbaren Großprojekten inzwischen in der Öffentlichkeit (aus teils sehr schlechten Erfahrungen) mit einem gewissen Misstrauen begegnet wird und es immer schwerer fällt, Begeisterung zu wecken und über eine längere Zeit aufrecht zu erhalten. Auch beim Humboldt-Forum überzeugte – ähnlich wie beim Reformationsjubiläum – weniger das Konzept auf

Anhieb alle interessierten Experten und die Medien als vielmehr – wie angedeutet – das Gebäude die Berliner Öffentlichkeit, die bei allen Tagen der Offenen Tür das in der Zunft durchaus umstrittene Gebäude des italienischen Architekten Franco Stella ebenso begeistert frequentierte, wie verschiedene Veranstaltungen in Wittenberg großen Zuspruch und nachhaltige Begeisterung auslösten. Auch hier legt sich der Verdacht nahe, dass wir es beim Reformationsjubiläum mit einer Reihe von Phänomenen zu tun haben, die vergleichbare landesweit beachtete Großprojekte von mehrjähriger Dauer ebenfalls auf sich ziehen. Das müsste allerdings auch sehr gründlich von Fachleuten vergleichend analysiert werden.

Ein weiterer wichtiger Punkt für künftige Planungen von Jubiläen ist die Frage nach den beteiligten Gruppen und Kreisen. Immer wieder war zu hören und zu lesen, wie stark das Reformationsjubiläum 2017 von der Ökumene mit der römisch-katholischen Schwesterkirche bestimmt war, nach den bekannten anfänglichen Schwierigkeiten und mit den vorausgesetzten Einschränkungen, die auf ökumenischem Gebiet nun einmal derzeit selbstverständlich sind. Die erwähnten Erklärungen gegenüber dem Judentum sind ein Zeichen dafür, dass man beim Reformationsjubiläum 2017 unter „Ökumene" nicht nur das Binnenverhältnis zwischen römisch-katholischer und evangelischer Kirche verstanden hat. Auf der Weltausstellung wurde beispielsweise eine Schabbat-Liturgie gefeiert und intensiv mit angereisten Gästen diskutiert. Aber hier könnte bei künftigen Jubiläen noch viel weiter ausgegriffen und tiefer angesetzt werden. In Wittenberg feierte die Evangelische Kirche in Deutschland mit ihren Landeskirchen und entsprechenden Einrichtungen, aber auch der Lutherische Weltbund hatte ein Büro in Wittenberg eingerichtet und die Lutheran Church- Missouri Synode, eine Partnerkirche der Selbständigen Evangelisch-lutherischen Kirche, engagierte sich in der mitteldeutschen Kleinstadt. Für eine solche vertiefte Bemühung um eine innerprotestantische Ökumene wären auch die Freikirchen zu nennen, die bereits erwähnten historischen Friedenskirchen und Mennoniten, aber auch die Orthodoxen, die beim Jubiläum 2017 eine merkwürdig geringe Rolle spielten, obwohl Wittenberger und Tübinger Gelehrten im 16. Jahrhundert viel daran lag, dem Patriarchen in Konstantinopel die Rechtgläubigkeit der reformatorischen Bewegung zu dokumentieren. Wohl gab es Erklärungen über das Verhältnis zum Islam während des Jubiläums, aber auch hier steht ein Gespräch noch am Anfang. Besonders wichtig ist inzwischen nicht nur im Osten Deutschlands, Jubiläen auch mit Blick auf diejenigen Menschen zu feiern, die sich selbst als nicht mehr religiös empfinden. Interessanterweise wird vom Reformationsjubiläum 2017 berichtet, dass städtische Öffentlichkeit – beispielsweise in Frankfurt/Oder – sehr aufmerksam einschlägige Veranstaltungen verfolgt hat, in denen die Verwicklung eines Ortes in die Reformationsgeschichte deutlich wurde. Das entspricht in der Struktur der bemerkenswerten Aufmerksamkeit von Orten im Osten Deutschlands mit sehr geringer Kirchenmitgliedschaft für das bauliche Schicksal der Dorfkirche ihres Ortes. So spendeten anlässlich der Ausstellung „Bürger. Pfarrer. Professoren. St. Marien in Frankfurt (Oder) und die Reformation in Brandenburg“ im Jahre 2017 über hundert Frankfurter Bürger für die Wiederherstellung des seit dem Zweiten Weltkrieg magazinierten oberen Gesprenges des gotischen Marien-Hochaltars sowie anderer Kunstwerke der Hauptkirche ihrer Stadt und der Oberbürgermeister betonte nicht nur die gute Zusammenarbeit zwischen Stadt und Kirche, sondern bekannte öffentlich, doch viel über die bis auf den heutigen Tag anhaltenden Wirkungen der Reformation gelernt zu haben. Die scheidende Direktorin des Wittenberger Predigerseminars und Hausherrin der dortigen Schlosskirche, Hanna Kasparick, bemerkte in einem Interview, dass es „in der Stadtgesellschaft eine starke Auseinandersetzung mit der eigenen Geschichte gegeben hat“. Man wäre zwar auf dem Holzweg, wenn man glaubte, dass diese Menschen jetzt in Scharen in die Kirche eintreten und sich taufen lassen würden. „Doch das Interesse ist geweckt." In Wittenberg sind nach Kasparick 15 Prozent der Bevölkerung Mitglied einer Kirche, „aber es gibt mindestens noch einmal so viele, die sich für die kirchliche Arbeit interessieren und sich auch engagieren. Ganz zu schweigen von dem, was das Reformationsjubiläum im Bildungssektor hervorgebracht hat." Solche Eindrücke im Zusammenhang mit dem Reformationsjubiläum aus Frankfurt/Oder und Wittenberg zeigen, dass es durchaus möglich war, mit den Veranstaltungen eine Öffentlichkeit zu interessieren, die ein sehr diffuses Verhältnis zur Religion hat. Das ist in „Zeiten religiöser Versteppung" (Friedrich Schorlemmer), von der man angesichts der fünf Prozent der Bevölkerung, die in Eisleben, dem Geburts- und Sterbeort Martin Luthers, noch zur evangelischen Kirche gehören (3 Prozent sind römisch-katholisch) durchaus sprechen kann, ebenso wichtig wie in Zeiten dramatisch abnehmender religiöser Bildung selbst unter Kirchenmitgliedern – der Münsteraner Religionssoziologe Detlef Pollack wies vor kurzem darauf hin, dass viele Mitglieder der evangelischen Kirche kaum noch eine Ahnung von Grundanliegen der Reformation haben und beispielsweise davon überzeugt seien, dass man vor Gott auch durch gute Werke gerecht werden könne. Evangelisch zu sein, folgert Pollack, sei für die meisten Protestanten nicht mehr mit der Zustimmung zu bestimmten dogmatischen Aussagen verbunden. Vielmehr bedeute ihre konfessionelle Zugehörigkeit für sie die Aufforderung, „ein guter Mensch zu sein und sich nach dem Gewissen zu richten". Insofern sollte bei künftigen Jubiläen sehr stark auf den Bildungsaspekt geachtet werden. Aber auch hier gilt für jeden Blick auf das Reformationsjubiläum 2017: Man kann das Glas für halb leer, aber eben auch für halb voll halten.

Zum Jubiläum 2017 gehörten – wie auch schon zum Jubiläum 1983 – große Mengen an Veröffentlichungen. Bestimmte Veröffentlichungen wie ein kleines Büchlein von Walter Kardinal Kasper zum Thema „Martin Luther. Eine ökumenische

Perspektive“ (2017) hätte man sich bei den Jubiläen des 20. Jahrhunderts noch nicht vorstellen können. Neben wissenschaftlichen und populären Biographien, reformationsgeschichtlichen Darstellungen, Essays zu übergeordneten Themen wurden auch Texte aus der Reformationszeit in allgemeinverständlichen Ausgaben vorgelegt. Dabei diente immer wieder eine Veröffentlichung aus den Jahren 1982/1983 als Vorbild, der sogenannte „Insel-Luther“.

Karin Bornkamm und Gerhard Ebeling hatten damals im Insel-Verlag eine sechsbändige kleine Taschenausgabe mit einem geschmackvollen Umschlag veröffentlicht; die Vorbereitungszeit war damals so knapp, dass sich die Herausgebenden entschieden haben, vor allem deutsche Texte Luthers zu publizieren, die man schneller als die lateinischen bearbeiten konnte. Diese Texte wurden in sprachlich leicht modernisierten, angenehm zu lesenden Fassungen gedruckt. Der scheinbare Nachteil, dass einige wichtige lateinische Texte fehlten, hatte den Vorteil, dass sich viele weniger bekannte Schriften in den Bänden finden, die die Wiederentdeckung lohnen: So wurden im zweiten Band die kleinen Sakraments-Traktate Luthers aus den Jahren nach 1517 abgedruckt, in denen der Reformator seine auf das mündlich zugesprochene Verkündigungswort konzentrierte Theologie geformt und entfaltet hat, aber nicht seine abschließende und wesentlich bekanntere Schrift von der babylonischen Gefangenschaft der Kirche aus dem Jahre 1520. Auf diese Weise machten Bornkamm und Ebeling indirekt deutlich, dass die Konzentration auf „Hauptschriften“ Luthers, die durch die Reformationshistoriker Otto Clemen und Karl Holl stark gefördert wurde, eine ebenso künstliche wie nachträgliche Auswahl aus sehr unterschiedlichen Rezeptionssträngen von deutschen beziehungsweise lateinischen Fach-

und Gelegenheitsschriften Luthers darstellt. Der Reformationshistoriker Johannes Schilling legte als abschließenden sechsten Band des „Insel-Luther" zum Jubiläum 1983 eine Auswahl aus Luthers Briefen vor, die die seelsorgerliche Dimension des Briefschreibers illustrieren und zeigen, ein wie sensibler Seelsorger der gelegentlich so polternd auftretende Professor sein konnte. Während größere Projekte einer deutschen Studienausgabe von Texten Philipp Melanchthons oder eine zweisprachige Ausgabe von lateinischen und frühneuhochdeutschen Werken Luthers oder von Werken des Johannes Hus ohne direkten Bezug auf das Reformationsjubiläum 2017 entstanden (hier hat sich besonders die „Evangelische Verlagsanstalt" in Leipzig profilieren können), wurde zum Jubiläum vom Kirchenamt der VELKD und dem Kirchenhistoriker Martin Jung eine zweihundertseitige Veröffentlichung von zentralen Texten Luthers vorgelegt und auf einen staunenswerten Preis von 13 Euro heruntersubventioniert. Die Reformationshistoriker Thomas Kaufmann und Albrecht Beutel veröffentlichten im „Verlag der Weltreligionen", einem Imprint des Suhrkamp-Verlages, eine vierbändige Auswahlausgabe aus Schriften Luthers in deutscher Übersetzung mit einem knappen Kommentar, die laut Werbung des Verlages „weniger biographisch an der Entwicklung von Luthers Theologie orientiert ist als an der vom ‚Ereignis Luther' erzielten Wirkung". Im letzten Band ist beispielsweise eine der in solchen Auswahlausgaben selten abgedruckten, aber zentralen späteren Disputationen Luthers aufgenommen – diesem zentralen Teil seines Werks aus der Zeit nach 1530 ist erst in den letzten Jahren die gebührende Aufmerksamkeit zuteil geworden, zuvor stand eher der „frühe Luther" im Mittelpunkt. Zu den bedeutsamen Publikationen zum letzten Jubiläum 1983, die in der damaligen Deutschen Demokratischen Republik vorbereitet wurden, gehört eine umfangreiche Aufsatzsammlung unter dem Titel „Leben und Werk Martin Luthers von 1526 bis 1546", die der Leipziger Reformationshistoriker

Helmar Junghans „im Auftrag des Theologischen Arbeitskreises für Reformationsgeschichtliche Forschung“ herausgab und die ebenfalls schon in Form eines Kompendiums zu zentralen Personen, Texten und Themen die Aufmerksamkeit auf den „späten Luther“ lenkte.

Die bedeutsamste Veröffentlichung des jetzigen Jubiläums ist die Vorlage der revidierten Lutherbibel in Eisenach und auf der Wartburg im Oktober 2016. Auch wenn die gründliche Revision der Bibelübersetzung ursprünglich nicht in direktem Zusammenhang mit dem Jubiläum stand und rund 70 Personen über zehn Jahre beschäftigte, brachte sie doch – aufgrund konsensueller Entscheidungen der verantwortlichen Expertinnen und Experten aus den Bibelwissenschaften, der Kirchengeschichte, aber auch der Sprach- und Literaturwissenschaft und Praktischen Theologie – wieder mehr Luther in den am weitesten verbreiteten Text Martin Luthers im Leben von Kirche und Gesellschaft. Die Revision machte deutlich, dass Annahmen über angebliche Unverständlichkeit von Begriffen und Details der Sprachverwendung Luthers, die in den letzten Jahrzehnten des 20. Jahrhunderts im Schwange waren, mehr ängstliche Vorurteile von Bildungsbürgern als wirklich statistisch gehärtete Eindrücke über das Lese- und Hörverhalten von Menschen darstellten. Die Begeisterung, mit der die erneuerte Luther-Bibel wider alles Erwarten aufgenommen wurde, führte schon im November 2016 zu einem Lieferengpass in den Buchhandlungen – und dies, obwohl die Deutsche Bibelgesellschaft und die Evangelische Kirche in Deutschland als Rechteinhaber kostenlosen Zugang zum Text für ein Jahr über Internet und App sicherstellten. Innerhalb eines Jahres wurde weit über eine halbe Million Exemplare verkauft. Im Zusammenhang mit der Veröffentlichung der Revision wurde auch einer breiteren Öffentlichkeit deutlich, dass weder Luther als erster Übersetzer der Bibel in die deutsche Sprache gelten kann noch die Lutherbibel letzter Hand sein ausschließliches Werk war. Auch hier trat Luther stärker ins Glied, im Falle der Bibelübersetzung in die Gemeinschaft seiner Übersetzungskommission zurück und wurde aus Luther-Jubiläum auch hier Reformationsjubiläum. Angesichts der vielfältigen Debatten und Konflikte um das Jubiläum 2017 verwundert es nicht wenig, dass an der Revision nur selten fundamentale oder gar polemische Kritik geübt wurde. Das dürfte für die Gründlichkeit und Sorgfalt der Revisionsarbeit sprechen. Nachdem auch kritische Neueditionen der lutherischen und reformierten Bekenntnisschriften, die ebenfalls nicht mit Blick auf das Reformationsjubiläum begonnen wurden, abgeschlossen oder jedenfalls weitgehend fertig gestellt worden sind, gehört zu den Ergebnissen des Reformationsjubiläums 2017 neben vielen Veröffentlichungen über die Reformation auch eine ganze Menge von Veröffentlichungen reformatorischer Grundtexte. Es fällt allerdings auf, dass die neuen Möglichkeiten digitaler Edition noch sehr zaghaft für einschlägige Texte genutzt werden (eine Ausnahme bildet die von Thomas Kaufmann verantwortete Edition der Texte von Luthers zeitweiligem Kollegen und späteren Gegner Andreas Bodenstein von Karlstadt in den elektronischen Editionen der Herzog-August-Bibliothek in Wolfenbüttel). Hier könnten Aufgaben für künftige Feiern im Rahmen der kommenden Jubiläen liegen.

Zeitweilig war die Erinnerung an das Luther-Jubiläum von 1967 wie auch an die Feiern des Jahres 1983 vollkommen verdeckt durch den quasi obligatorischen Hinweis auf die vierte Vollversammlung des Lutherischen Weltbundes in Helsinki im Jahre 1963. Dort wurde bekanntlich in einem Studiendokument darauf hingewiesen, dass sich im 20. Jahrhundert die Frage nach dem gnädigen Gott radikalisiert habe hin zur Frage danach, ob Gott überhaupt existiere. Über die gewählten Formulierungen brach seinerzeit allerdings ein Sturm der Entrüstung los, weil man sie so lesen konnte, als sei die Frage nach der Rechtfertigung einem „modernen Menschen“ (was auch immer das sei) gar nicht mehr zugänglich:

> „Der Mensch von heute fragt nicht mehr: Wie kriege ich einen gnädigen Gott? Er fragt radikaler, elementarer, er fragt nach Gott schlechthin: Wo bist Du, Gott? ... Er fragt nicht mehr nach dem gnädigen Gott, sondern ob Gott wirklich ist."

Inzwischen wirkt die seinerzeitige Debatte um die berühmt-berüchtigten Formulierungen von Helsinki etwas angestaubt, obwohl hier erstmals ein Problem angesprochen wurde, das seither immer wieder die Debatten während der Jubiläen und die Jubiläen selbst begleitet: Wie formuliert man Sachanliegen der Reformation so, dass die klassische Sprachgestalt kein unüberwindliches Hindernis für das Verstehen darstellt? Ob man dafür „Rechtfertigung ohne (den Terminus) ‚Rechtfertigung'" nachbuchstabieren muss (eine Formulierung von Otto Hermann Pesch), wie dies beispielsweise im Grundlagentext „Rechtfertigung und Freiheit" des Rates der EKD mit den Begriffen „Liebe", „Anerkennung", „Würdigung", „Vergebung" und „Freiheit" geschieht, ist schwer ein für allemal und grundsätzlich zu entscheiden. Wie man formuliert, hängt – wie schon Martin Luther in seinem berühmten Sendbrief vom Dolmetschen (1530) ebenso pointiert wie polemisch ausgedrückt hat – nicht zuletzt am Sprachgebrauch der Menschen, die man erreichen möchte: Gutes Deutsch, das zu Herzen geht. Auch insofern ist *nach* dem Jubiläum *vor* dem Jubiläum: Die Aufgabe, reformatorische Einsichten so zu feiern, dass sie Menschen der Gegenwart einleuchten und zu Herzen gehen, muss für jede Zeit neu gelöst werden. Wahrscheinlich werden sich die Gestalten solcher Feiern in den nächsten Jahren noch weiter pluralisieren, weil eben die klassischen Feiergestalten für das gebildete Bürgertum – wissenschaftliche Ausstellungen, Festakte mit gewichtigen Reden und Streichquartett-Musik sowie voluminöse gedruckte Veröffentlichungen – nur einen kleinen Teil der Klientel innerhalb und außerhalb der Kirche erreichen werden. Und hoffentlich bleibt die Erinnerung daran, dass das Reformationsjubiläum 2017 nicht nur in den großen Städten und Metropolen der Reformationsgeschichte gefeiert wurde, sondern auch in scheinbar abgelegenen Dorfkirchen mitten auf dem flachen Lande und in wenig schönen Vorstadtkirchen aus Beton, in Gemeindezentren und auf Schiffen. „Mut zur Provinz", könnte man als Lehre aus zehn Jahren formulieren. Wie man Angebote diversifizieren kann im Blick auf unterschiedliche Erwartungen, ist also während des Reformationsjubiläums 2017 und seiner Vorbereitung erprobt worden. Auch insofern gilt: Nach der Feier ist vor der Feier.

Reformatorische Aufbrüche nach dem Jubiläum … oder: Orientierung gefunden?

Was bleibt von allen Feierlichkeiten für die kommenden Jahre übrig? Immer wieder konnte man während des Jubiläums hören, dass man ja nicht nur eine längst vergangene Reformbewegung feiere, sondern Evangelische Kirche *ecclesia semper reformanda*, eine stets reformbedürftige Kirche, sei. Häufig verrät im Deutsch der Gebildeten aber der Wechsel zu bekannten lateinischen Formulierungen eine fundamentale Unklarheit, die durch den Rückbezug auf scheinbar Vertrautes und Bewährtes verdeckt wird. Heißt *ecclesia semper reformanda* deutsch übertragen: „der ewige Protest" gegen etablierte Strukturen, althergebrachte Frömmigkeiten, klassische Denkgewohnten und Sprachgestalten? Meint *ecclesia semper reformanda* die auf ewig gestellten Reformbemühungen derer, die sich hauptberuflich um Kirche kümmern und wenig freundlich als „Funktionsträger" in Kirchenleitungen und Synoden apostrophiert wurden? Ist *ecclesia semper reformanda* gar die Summe der vielen verschiedenen Reformprogramme, die unterschiedliche kirchliche und theologische Richtungen seit 500 Jahren und vielleicht gar seit den Tagen der ersten Christenmenschen erdacht haben und ins Werk zu setzen versuchten? Im Internet wird die Formel gern „der calvinistischen Theologie des beginnenden 17. Jahrhunderts" zugeschrieben oder direkt einem calvinistischen Theologen „Jodocus van Lo*d*enstein (1620–1677)", bei anderen „Jodocus van Lo*b*enstein (1620–1677)". Das alles sind Halbwahrheiten, die sich neben zutreffender Information und absoluten fake news häufig im Internet finden. Der 2011 verstorbene Marburger Historiker und Systematiker Theodor Mahlmann hat sich ausführlich mit der Geschichte dieser Redewendung beschäftigt. Mahlmann konnte zeigen, dass erstmals der reformierte Schweizer Systematiker Karl Barth 1947 die Formel *ecclesia semper reformanda* verwendete und sie vermutlich auch geprägt hat – nämlich in einem Vortrag über die sechste These der Barmer Theologischen Erklärung. Dabei variierte Karl Barth vermutlich unbewusst eine inhaltlich nur partiell deckungsgleiche Formulierung eines Züricher Theologen (Alexander Schweizer) des 19. Jahrhunderts, der damit – ganz im Geiste jenes Jahrhunderts – den beständigen Fortschritt der Kirche „zu immer reinerem Glauben" durch „beständiges Abstreifen abergläubischer Beimischungen" unter die lateinische Formel *ecclesia semper reformari debet* brachte, die sich wiederum tatsächlich bei calvinistischen und lutherischen Theologen der frühen Neuzeit nachweisen lässt. Allerdings meinen die sprachlich leicht varianten Formen ziemlich Unterschiedliches, je nach Zeit und Kontext. Der durchs Internet geisternde niederländische reformierte Theologe und Dichter Jodocus van Lodensteyn (Lo*d*ensteyn übrigens mit „d") braucht hier nicht zu interessieren, er ist nur als Anreger mit verantwortlich für eine Variante der vielen verschiedenen Fassungen des einen Satzes *ecclesia semper reformanda*. Interessanter für unsere Zusammenhänge ist, dass nicht nur Kollegen und Freunde Barths den Ausdruck *ecclesia semper reformanda* seit den 50er Jahren des letzten Jahrhunderts begeistert aufgegriffen haben. Schon 1960 und danach noch mehrfach wurde die Formel von dem zunächst noch im Konsens mit seiner Kirche stehenden römisch-katholischen Theologen Hans Küng in Anspruch genommen. Küng hat darauf hingewiesen, dass die Aufbrüche in der römisch-katholischen Kirche zeigen, dass im Blick auf die Formel *ecclesia semper reformanda* kein kirchentrennender Gegensatz zwischen den Konfessionen bestehe –

freilich formuliert die Kirchenkonstitution des Zweiten Vatikanischen Konzils von 1964 begrifflich etwas schwächer, als Barth es tat: *Ecclesia … sancta simul et semper purificanda*, „die Kirche ist … zugleich heilig und immer der Reinigung bedürftig“, sie geht „immerfort den Weg der Buße“, wie es in einer vielleicht doch nicht ganz zufälligen Parallele zu Luthers erster These zum Ablass von 1517 heißt. Trotzdem hat sicher auch die mehrfache Verwendung der von Karl Barth geprägten Formel *ecclesia semper reformanda* durch Küng zu ihrer selbstverständlichen Einbürgerung als angeblich uralte Formulierung über die permanente Reform der Kirche als Wesenszug derselben beigetragen.

Barth schreibt im erwähnten Aufsatz von 1947: Die freie Gnade Gottes, also die nach der sechsten Barmer These von der Kirche im Dienst Jesu Christi und an seiner Statt durch Predigt und Sakrament ausgerichtete Botschaft an alles Volk, „bringt immer wieder frische Luft in die Kirche“. „Weil sie Gnade ist, wird sie der Kirche auch neue Wege zeigen und eröffnen.“ *Subjekt* der permanenten Reformation ist also die durch den Geist in Wort und Sakrament vermittelte Gnade Gottes, *Objekt* der permanenten Reformation ist die Kirche – jedenfalls nach Ansicht dessen, der die Formel *ecclesia semper reformanda* nach allem, was wir wissen, geprägt hat und darin, wie wir gleich sehen werden, als Schweizer reformierter Theologe sowohl den Augustinermönch Martin Luther wie auch dessen Ordensheiligen Augustinus präzise getroffen hat – Karl Barth eben. Mit einem beständigen Fortschritt der Kirche „zu immer reinerem Glauben“ durch „beständiges Abstreifen abergläubischer Beimischungen“ – so der von Karl Barth 1947 paraphrasierte Schweizer Theologe des 19. Jahrhunderts mit Namen Alexander Schweizer – hat das alles schon deswegen wenig zu tun, weil man 1947 ja nur zu genau wusste, dass weite Teile der evangelischen Kirche gerade in den allerschlimmsten Aberglauben zurückgefallen waren. Und der mutmaßliche Vater aller dieser Formulierungen, Schweizers Lehrer Friedrich

Schleiermacher, lässt an verschiedenen Stellen zudem keinen Zweifel daran, dass sein Begriff des immerwährenden Fortschreitens des kirchenverbessernden Handelns sowohl im Blick auf *Subjekt* wie *Objekt* das fromme Individuum im Rahmen einer kirchlichen Gemeinschaft meint.

Barth trifft in dem Vortrag, in dem er 1947 die Formel *ecclesia semper reformanda* prägte, haargenau Martin Luthers Verständnis von Reformation – jedenfalls mindestens das frühe Verständnis Luthers aus den Anfangsjahren der Reformation, an die im Jubiläumsjahr besonders erinnert wurde. Auch Luther hielt Gott und seinen Geist für das alleinige Subjekt der Reformation, den Menschen und die Kirche lediglich für ihr Objekt. 1518 erläuterte Luther dies in seiner Erklärung der Ablassthesen des Vorjahres, in seinen lateinischen „Resolutionen oder Erklärung und Beweis der Thesen von der Kraft der Ablässe". Dort schreibt er:

> „Die Kirche bedarf einer Reformation (lateinisch: *ecclesia indiget reformatione*) und diese ist nicht Werk eines einzigen Menschen, des Papstes, noch auch vieler Kardinäle, wie beides das jüngste Konzil erwiesen hat, sondern der ganzen Welt, ja Gottes allein. Die Zeit aber, wann solche Reformation vor sich gehen wird, kennt nur der, der die Zeit geschaffen hat" (zu These 89).

Man findet hier nicht nur eine der klassischen „allein"-Formulierungen Martin Luthers, die den historischen wie systematischen Grund dafür bilden, dass an so vielen Stellen im Jubiläum die reformatorische Theologie anhand von vier oder fünf „allein-"Formulierungen rekonstruiert wurde. Das Zitat drückt vielmehr aus, dass Luther sich selbst gerade nicht – wie der niederländische Reformationshistoriker Heiko Augustinus Oberman einmal ebenso geistreich wie provokant formuliert hat – als „Reformator" verstanden hat, als Urheber einer von Menschen gewirkten kirchenverbessernden Handlung, sondern als *Vorreformator*, als einer, der lediglich wie Johannes der Täufer auf den kommenden Christus verweist, mit jenem eindrücklichen zeigenden Gestus, den wir aus verschiedenen Bildern des jüngeren Lucas Cranach kennen (wie der erwähnten Predella des Retabels der Wittenberger Stadtkirche), mithin als „Vorläufer der Reformation“. Nur Gott allein gebührt die Bezeichnung „Reformator“ – und hierin liegt auch die theologische Begründung der sprachlichen Differenzierung zwischen Reformation und Reform, die sich – wie wir sahen – im 18. Jahrhundert vollzog.

Jene eben explizierten Pointen eines allein auf Gott und seinen Geist als Subjekte der Kirchenreform zentrierten Reformverständnisses von Martin Luther verbanden ihn aber mit seinem Ordensheiligen Augustinus. Dieser spätantike Mönch und Bischof blieb lebenslang für den Augustinermönch Luther trotz aller theologischen Revisionen von zentraler Bedeutung, diente auch in evangelischen Zeiten als Patron der Wittenberger Theologischen Fakultät. Der in Rom lehrende Schweizer Patristiker Basil Studer hat in diesem Zusammenhang auf eine Predigt des Augustinus vom Anfang des 5. Jahrhunderts aufmerksam gemacht, in der der nordafrikanische Bischof seine Zuhörer in eindringlich kurzen Sätzen immer wieder fragt, ob sie sich wirklich für gerecht erklären könnten, und von der ganzen Kirche erwartet, dass sie – weil sie aus eigener Kraft keine Gerechtigkeit vor Gott findet – beständig um die Vergebung ihrer Sünden bitten muss. Diese Haltung hat Augustinus als ein beständiges Leben in der Buße qualifiziert. Studer hielt nicht nur fest, dass Kirche nach Augustinus nicht gerecht sein und auch nicht aus eigener Kraft gerecht werden kann – er schloss vielmehr: Kirche ist nach Augustinus *semper reformanda*, bedarf ständig der Erneuerung durch die göttliche Gnade. Auch wenn bei dem nordafrikanischen Bischof und Ordensheiligen des Mönchs Luther diese von Karl Barth 1 500 Jahre später geprägte Formel nicht explizit zu lesen steht, finden sich doch viele lateinische Sätze, die in diese Richtung gehen: Der Mensch, so sagt Augustinus beispielsweise an zwei Stellen, kann sich als Ebenbild Gottes nicht selbst reformieren, wie er sich wohl deformieren kann.

Die scheinbar ur-reformatorische Formel *ecclesia semper reformanda est* stammt zwar aus dem 20. Jahrhundert, aber sie macht – wie die sechste These der Barmer Theologischen Erklärung, die sie zusammenfasst – ein zentrales Anliegen der Reformation Martin Luthers deutlich, das sich in der Geschichte der Kirche zudem nicht erst 1517 beobachten lässt: Alles kirchenverbessernde und kirchenentwickelnde Handeln von Christenmenschen muss sich in den Dienst der einen Reformation Gottes stellen. Gottes Reformation heißt, dass Gott durch seinen Heiligen Geist in der Kirche mit Wort und Sakrament die Wirklichkeit eben dieser Kirche durch seine Botschaft von der freien Gnade prägt.

Erst wenn man sich diese grundsätzliche Weichenstellung vor Augen geführt hat, kann man konkret fragen, was sich aus zehn Jahren Jubiläumsvorbereitung und Jubiläumsfeier für die Reform von Kirche in den nächsten Jahren und vielleicht sogar Jahrzehnten lernen lässt. Natürlich ist diese Weichenstellung niemals unumstritten gewesen, ebenso wenig wie die Schweizer Stimme, die hier aus den vielfältigen Transformationen des reformatorischen Erbes aus dem letzten Jahrhundert hervorgehoben wurde – aber die Frage, wie mit solchen und anderen Differenzen in der Kirche umzugehen ist, ist durch die verschiedenen Kontroversen im Umfeld des Jubiläums ohnehin auf dem Tisch und wird gleich noch ausführlicher behandelt. Das, was man aus zehn Jahren Vorbereitung und Feier eines Jubiläums der Reformation lernen könnte, lässt sich in acht Punkten knapp (und damit keinesfalls vollständig) zusammenfassen. Damit ist kein neues Reformprogramm intendiert, das gar flächendeckend für die gesamte Evangelische Kirche in Deutschland oder gar darüber hinaus gilt; wer sich nur einigermaßen mit den Reformdiskussionen der letzten Jahre beschäftigt hat, ahnt, dass allgemeine Hinweise angesichts der differenzierten Problemlagen nur Anregungen darstellen und keine allerorten verbindlichen Lösungen bieten können. Vieles wusste man selbstverständlich auch schon früher, fühlt sich durch das Jubiläum aber hoffentlich bestärkt, die Aufgaben mit neuem Elan anzupacken.

1.

Wenn man Erfahrungen aus dem Reformationsjubiläum für die kommenden Jahre fruchtbar machen will, muss man bei der Bibel und ihrer lebensorientierenden Kraft beginnen. Wenn man aber bei der Bibel beginnt, dann kann es nicht nur darum gehen, sie immer wieder dadurch zu Ehren zu bringen, dass man ihre Texte möglichst häufig liest, erklärt, darstellt, singt und sonstwie unter die Leute bringt. Es geht vor allem darum, dass die Kirche auf die biblischen Texte in einem ganz schlichten Sinne hört – jedenfalls dann, wenn man ernst nehmen will, dass in, mit und unter diesen alten biblischen Worten der lebendige Gott zu Menschen sprechen will. Gerade in Zeiten einer multimedial geprägten Gesellschaft ist es ungemein wichtig, dass Kirche zunächst einmal *aufmerksame Kirche* bleibt und nicht immer dazwischenplappert und ungefragt losredet. Mit „aufmerksamer Kirche" ist gemeint: aufmerksam für die unverkürzte biblische Botschaft beider Testamente, an deren kanonischer Geltung nichts abgemarktet wird. Aufmerksam nicht nur für die fett gedruckten Kernstellen der revidierten Lutherbibel, sondern beispielsweise auch für die Passagen des Alten Testamentes, die in den verschiedenen Richtungen des Judentums besonders in Ehren gehalten werden, für die Passagen des Neuen Testamentes, die für Theologie und Leben der römisch-katholischen oder orthodoxen Kirche eine besondere Rolle spielen. Lateinisch formuliert: *sola scriptura* impliziert *tota scriptura*, nicht nur *sola pars scripturae*, oder *sola parte scripturae*, allein der Teil der Schrift, den man schon kennt und der gerade in den Kram passt. Und das bedeutet, neu aufmerksam werden für die Texte, die wir zu kennen glauben: „Biblische Bilder und Visionen neu entdecken, als hätten wir sie noch nie gehört." Kirche hört auf biblische Texte, Kirche lebt aus biblischen Texten und wird dadurch auch aufmerksamer gegenüber den Menschen, die die Bibel in beiden Teilen besonders in den Blick nimmt: Arme, Flüchtlinge, Frauen, Kinder und in der Gesellschaft Benachteiligte. Sie darf aber nicht vergessen, von dem Gott zu reden, der diesen Menschen Recht schaffen will, und von seiner jenseitigen Welt neben dem Diesseits.

Die evangelischen Kirchen sind dann reformatorische Kirche im eigentlichen Sinne des Wortes und nutzen die entsprechenden Impulse des Jubiläums, wenn sie lernen, wieder aufmerksamer auf das ganze Evangelium in beiden Teilen unserer Bibel zu hören, aus diesem Evangelium zu leben und damit auch barmherziger gegenüber denen zu werden, an die es sich besonders wendet. Einer kirchlichen Bildungsarbeit, die nicht hier ihren Ausgang nimmt, würde das Fundament fehlen; Gleiches gilt für die universitäre Theologie. Die Rede von Gott und seiner Welt kann nicht einfach zum alten Eisen gezählt werden, sondern bildet ein zentrales Unterscheidungsmerkmal christlicher Kirchen von anderen Organisationen und ist ein unverzichtbarer Inhalt ihrer Verkündigung.

2.

Wenn man Erfahrungen aus dem Reformationsjubiläum für die kommenden Jahre fruchtbar machen will, muss man noch viel stärker auf die nichtakademischen Kreise zugehen und sich nicht damit zufriedengeben, dass eine reformatorische Kirche zum bloßen Oberseminar für Gebildete wird. Dabei kann es weder um eine überzogene Kritik an der universitären Theologie gehen noch um eine flächendeckende Akademisierung der evangelischen Kirche. Christenmenschen müssen insgesamt sprachfähiger werden, als es Kirche gegenwärtig ist. Diese *gemeinsame* Aufgabe, sprachfähig zu werden, darf nicht an die Experten – also an Universitätstheologie, Pfarrerinnen und Pfarrer oder sonstiges hauptberuflich damit beschäftigtes Personal – delegiert werden, aber universitäre Theologie ist unverzichtbar bei der Bewältigung dieser Aufgabe. Eine evangelische Kirche, die in der Tradition reformatorischer Bildungsbewegungen stehen will und gleichzeitig wichtige Träger von Bildung denunziert, lebt einen offenen Selbstwiderspruch. Man darf allerdings die Aufgabe, sprachfähig zu werden, angesichts der sehr unterschiedlich veranlagten Menschen in sehr unterschiedlichen Lebenslagen, von Glauben wie von Zweifel geprägt, in keinem Fall auf eine bestimmte Sprachform wie beispielsweise die akademische engführen. Das lehrt das schöne Beispiel der Broschüre, die einen zentralen reformatorischen Text in leichter Sprache zur Verfügung gestellt hat, oder das Pop-Oratorium Luther. Was dem einen eingängig ist und einleuchtet, erscheint dem anderen fremd und unverständlich. Das machen die unterschiedlichen Sichtweisen im Jubiläumsjahr deutlich: Von den einen wurde immer wieder auf die gegenwartsorientierende Kraft der Reformationen des 16. Jahrhunderts hingewiesen, während die anderen die Abständigkeit und Fremdheit der damaligen Einsichten und Weltwahrnehmungen betonten. Wichtig ist, dass solche Fremdheitserfahrungen nicht überspielt, aber auch nicht zum alleinigen Maßstab eines erwachsen gewordenen Glaubens und kirchlicher Angebote gemacht werden. Nach wie vor fühlen sich Menschen wohl mit der vertrauten Sprache bestimmter Kirchenlieder, mit klassischen liturgischen Formen und theologischen Sprachspielen der Tradition. Aber sie bilden nur einen Teil der Menschen, die sich für Christentum und Kirche interessieren. Evangelische Kirche ist nicht nur Kirche für Bildungsbürger, Professoren und Ästheten, wie schon im Jahre 1959 der damalige Berliner Bischof Otto Dibelius in einer überraschend scharfen Polemik gegen die Tendenzen einer zeitgenössischen Gesangbuch- und Agenden-Revision bemerkte, bei der Fachleute wieder mehr 16. Jahrhundert in Gottesdienst und Kirchenlied hineinbringen wollten. Unterschiedliche theologische Wahrnehmungsgestalten Gottes, Jesu Christi und der Kirche existieren schon im Neuen Testament (wie Wolfgang Huber in seinen gerade erschienenen „Glaubensfragen" formuliert) und so treten neben vertraute Wahrnehmungsgestalten nicht erst gegenwärtig neue, die ihren Ausdruck natürlich auch in neuen Sprachgestalten, neuen Gottesdienstformen und Kirchenliedern finden müssen. Von Martin Luther kann man lernen, wie unterschiedlich man sich in verschiedenen Genres ausdrücken kann: ungemein sensibel und tröstlich in seelsorgerlichen Briefen, klar und präzise in theologischer Argumentation, gründlich und gelehrt bei der Erklärung der Bibel und deutlich in polemischen Texten, um die Wahrheit klarzustellen. Gegenwärtig gibt es an vielen Stellen Bemühungen darum, sprachfähiger zu werden – die Berliner Landeskirche hat beispielsweise gemeinsam mit dem Johanniterorden vor einiger Zeit eine Stelle für Glaubenskurse im Südwesten Berlins eingerichtet. Neben solche Aktivitäten, die in die klassischen Kerngemeinden zielen und in sie hineinführen sollen, treten eher kulturprotestantisch geprägte Versuche, klassische Fragen und Antworten in entschlossen modernisierter Form in konkrete Lebenszusammenhänge außerhalb der Kirchen zu übersetzen (ein Plädoyer für diese Form von Christentum hat jüngst vorgelegt: Jörg Lauster, Der ewige Protest. Reformation als Prinzip, 2017). Und natürlich gibt es auch vielfältige Aktivitäten, die rein gar nichts mit einer Kirche von Akademikern für Akademiker zu tun haben.

Man kann auf manche Entwicklungen, allzumal dann, wenn sie in einer sinnlosen Flucht aus allem Vertrauten bestehen (eine Formulierung von Wolfgang Huber), besorgt reagieren; man kann aber insbesondere in den Versuchen, Altvertrautes neu zu formulieren, auch Vorboten und Boten einer uns geschenkten neuen Sprache sehen, die – wie Bonhoeffer in einem bewegenden Brief zum Tauftag von Dietrich

Wilhelm Rüdiger Bethge im Mai 1944 geschrieben hat – „vielleicht ganz unreligiös, aber befreiend und erlösend, wie die Sprache Jesu" daher kommt, „dass sich die Menschen über sie entsetzen und doch von ihrer Gewalt überwunden werden, die Sprache einer neuen Gerechtigkeit und Wahrheit, die Sprache, die den Frieden Gottes mit den Menschen und das Nahen seines Reiches verkündigt". Bemerkenswerterweise hält aber auch Bonhoeffer in diesen radikalen Sätzen daran fest, was zu Anfang des Abschnittes als zentraler, aber oft vergessener Sinn von *ecclesia semper reformanda* bestimmt worden war: Dass es Gott ist, der durch den Geist und sein Wort wie Sakrament diese neue Sprache wie auch neu angeeignete traditionelle Sprache vermittelt und schenkt, allem Volk, nicht nur denen, die ohnehin dazugehören.

Die evangelischen Kirchen sind dann reformatorische Kirche im eigentlichen Sinne des Wortes und nutzen die entsprechenden Impulse des Jubiläums, wenn sie sich inmitten der vertrauten Worte auch neue Sprache schenken lassen, solche Sprache sensibel annehmen, um auch für andere sprachfähig zu werden, die sie bislang mit ihren Worten, mit den Worten, die sie weitergeben, nicht erreichen. Ebenso wichtig wie neue Sprache ist neu angeeignete alte Sprache. Es geht in beiden Fällen nicht um beliebige Worte im Einerlei der Alltagssprache, es geht nicht um eine übergroße Wortfülle, sondern um das rechte Wort zur rechten Zeit, das Wort, das tröstet und aufbaut, aber auch an Maßstäbe gelingenden Lebens und ihr Verfehlen erinnert, an Schuld und Gnade. Selbstverständlich ist keine Kirche und keine Gemeinde, keine Pfarrerin und kein Gemeindeglied gezwungen, alles für alle zu leisten. Alle miteinander wären mit solchen unchristlichen Ansprüchen heillos überfordert. Das wäre dann ohne Zweifel: „Kirche im Reformstress", um auf einen Buchtitel der Bochumer Praktischen Theologin Isolde Karle anzuspielen. Akademische Theologie ist für die (Wieder-)Gewinnung von Sprachfähigkeit vollkommen unverzichtbar; deswegen darf sich der gelegentlich sichtbare Riss zwischen Kirche und Theologie nicht weiter vertiefen und alle sollten sich auf die gemeinsamen Aufgaben und die dafür notwendige Kooperation besinnen.

3.

Wenn man Erfahrungen aus dem Reformationsjubiläum für die kommenden Jahre fruchtbar machen will, sollte man aufmerksam auf die Entwicklungen im Bereich der medialen Kommunikation achten, schon deswegen, weil die Reformation so energisch, aber auch so erfolgreich zeitgenössische neue Kommunikationsmittel wie den Buchdruck eingesetzt hat, um reformatorische Botschaften unverkürzt in die Welt zu bringen. Immer wieder einmal konnte man während des Reformationsjubiläums 2017 den Eindruck gewinnen, dass ein Hiat zwischen öffentlicher Kommunikation – beispielsweise in Gestalt von verknappten Werbemaßnahmen wie Logos, Slogans, Plakaten und anderen Formen der Massenkommunikation – und der Tiefe der reformatorischen Botschaften aufbrach. Allerdings wäre noch einmal gründlich zu untersuchen, ob nicht gerade solche Kommunikationsmittel Menschen, die nicht den akademisch gebildeten Milieus entstammen, anzusprechen vermögen. Sehr unterschiedliche Gruppen von Menschen, die durch die reformatorische Botschaft erreicht werden sollen, verdienen auch eine Fülle von unterschiedlichen Kommunikationsmitteln und Kommunikationsstilen.

Dazu kommt der Eindruck, dass gegenwärtig schon deswegen, weil Zeitungen und andere Printmedien unter erheblichem wirtschaftlichen Druck stehen, Skandalisierung und Boulevardisierung von Nachrichten leichter den Weg in Druck- und Internetausgaben finden als gründliche Hintergrundartikel oder eher zustimmend geschriebene Beiträge (Allerdings hilft es an dieser Stelle wenig, über den Verfall des Journalismus zu klagen; man muss vielmehr allen, die klagen, empfehlen, eine Tages- und Wochenzeitung zu abonnieren, um den ökonomischen Druck auf den freien Journalismus zu mildern). Gleiches gilt für das weltweite Netz, dem es bekanntlich an Qualitätskontrolle und bestimmten rechtlichen Standards mangelt. Wenn es bei der im 16. Jahrhundert etablierten engen Partnerschaft zwischen modernen Kommunikationsmedien und der unverkürzten Vermittlung reformatorischer Botschaften bleiben soll, ist in Zukunft mehr Engagement gefordert: Christenmenschen müssen sich für freien Journalismus und gegen den ökonomischen Druck engagieren, der zu Boulevardisierung und Skandalisierung der Medienberichterstattung führt, sie müssen dafür sorgen, dass wie zu Zeiten der Reformation durch die neuen Medien die unverkürzte reformatorische Botschaft in verständlicher und einfacher (nicht banalisierter) Gestalt weitergegeben wird und Menschen gebildet werden, sie in dieser Form auch aufzunehmen und zu begreifen. Die Geschichte der Kommunikationsbemühungen in der Reformationszeit lehrt, wie schnell Kommunikation schon damals zu Auseinandersetzung und handfestem Streit, gelegentlich sogar zu schlimmer Gewalt geführt hat. Die Pluralisierung von Kirche und Theologie, von Staat und Gesellschaft hat sich seither noch deutlich gesteigert. Umso wichtiger ist, dass bei aller Kommunikation diese pluralisierte Welt ernst genommen wird und ihr Rechnung getragen wird, damit das, was kommuniziert wird, nicht nur in den eigenen Milieus Gehör findet. Neben die vor allem noch von Akademikern genutzten Printmedien sind längst das weltweite Netz und die social media getreten. Bei der Alternative zwischen Texttreue und Verständlichkeit gibt es eben – und das gilt für biblische wie reformatorische Texte – keine ein für allemal gültige Entscheidung für eine der beiden Optionen, sondern nur sorgfältig und für den Einzelfall gewählte und ausgeführte Wege in der Mitte zwischen beiden Extremen, einer unverständlichen Texttreue oder einer Verständlichkeit ohne Textbezug.

Die evangelischen Kirchen sind dann reformatorische Kirche im eigentlichen Sinne des Wortes und nutzen die entsprechenden Impulse des Jubiläums, wenn sie sich verstärkt um die neuen wie alten Medien kümmern – nicht im Sinne einer naiven Begeisterung für neue Technologien oder einer altväterlichen Kritik des Endes altbewährter Kommunikationsformen. Auch nach 2017 wird zwar noch gelten, was der Ordensheilige Luthers und Patron seiner Wittenberger Fakultät einst als Offenbarung erfahren hat: „Nimm und lies" – zum Christentum und allzumal zu einem reformatorischen Christentum gehört unverzichtbar das Lesen und das dadurch geweckte Verstehen. Aber daneben müssen, wenn die Verkündigung nicht auf klassische akademische Milieus beschränkt sein soll, die neuen Medien treten. Ob vermittelt durch alte oder neue Medien: Es geht in jedem Fall darum, wie zur Reformationszeit auch unter Bedingungen einer sehr gewandelten Kommunikationsgesellschaft in alten wie neuen Medien die reformatorischen Botschaften unverkürzt präsent zu halten und dabei kreative neue Lösungen für sehr unterschiedliche Rezipienten zu entwickeln. Dazu darf man – eine ganz und gar reformatorische Idee – auch die Chancen der gegenwärtigen Professionalisierungsschübe energisch nutzen.

4.

Wenn man Erfahrungen aus dem Reformationsjubiläum für die kommenden Jahre fruchtbar machen will, muss man sich klarmachen, dass man sich bei Prognosen für die Zukunft täuschen kann, insbesondere dann, wenn man sich an den eigenen Visionen berauscht. Bei aller Bemühung um Kirchenentwicklung und Kirchenreform muss man sich daran erinnern, dass niemand die Zukunft vorhersagen kann. Ein Blick in die Vergangenheit könnte im Blick auf diese Erfolgsaussichten von Zukunftsperspektiven sehr nachdenklich stimmen: 1928 hat Otto Dibelius, damals Generalsuperintendent der Kurmark und später Berliner Bischof, tief beeindruckt von missionarischen Gemeindeaufbauaktivitäten in Schottland, mit großer öffentlicher Wirkung „das Jahrhundert der Kirche“ ausgerufen. Es kam schnell ganz anders. 1956 proklamierte der damalige Generalsuperintendent der Niederlausitz, Günter Jacob, nicht weniger öffentlichkeitswirksam und betroffen von den teils schroff antichristlichen Maßnahmen der jungen DDR das „Ende des konstantinischen Zeitalters“ und erwartete eine dadurch ermöglichte glaubwürdigere Gestalt der Kirche fern aller vom Staat privilegierten Religion. In Cottbus, wo Jacob predigte, wird inzwischen wieder Kirchensteuer eingezogen. Blickt man auf solche Fehleinschätzungen kluger Theologen, scheinen die irrigen Annahmen bei der Vorbereitung des Reformationsjubiläums, insbesondere bei der Weltausstellung und den Kirchentagen auf dem Wege eher doch kleinteilige Irrtümer. Je weiterreichend die Prognose, desto irrtumsanfälliger ist sie allein durch die Instabilität der gesellschaftlichen Verhältnisse. Da scheint es besser, sich auf begrenzte Prognosen zu beschränken und statt großer Zukunftsvisionen gelegentlich wie der Täufer, der allein auf Christus verweist, auf den Herrn der Kirche und deren Anfänge (und damit auf die Bibel) als Chance zur Orientierung in der Gegenwart zu deuten.

Manches spricht dafür, dass die Zahl der Mitglieder von Landeskirchen bis 2030 voraussichtlich um ein Drittel und die Einnahmen um die Hälfte zurückgehen werden. Ob das allerdings bei einer insgesamt schrumpfenden Bevölkerung wirklich das Ende der Volkskirche in ihrer klassischen Gestalt bedeuten muss, steht noch dahin und ist für unterschiedliche Regionen in Deutschland und anderen Ländern Europas wahrscheinlich auch ganz unterschiedlich zu beantworten. In einem bestimmten Sinne muss die evangelische Kirche auch weiter Volkskirche bleiben, weil sie auftragsgemäß die Botschaft von der freien Gnade Gottes ausrichten soll an *alles* Volk. Daher muss sie sich bemühen, diese Botschaft zu kontextualisieren in unterschiedlichen Milieus, auf Menschen zugehen und sich gleichzeitig noch mehr an der Form von

Gemeinschaft orientieren, die Jesus von Nazareth mit seinen Jüngerinnen und Jüngern gelebt hat: Die ersten Jüngerinnen und Jünger Jesu ließen sich von Jesus aus gewohnten Bahnen ihres Lebens und Denkens herausrufen, vom Fischfang und aus dem Zollhäuschen. Sie lebten in einer engen Gemeinschaft, beteten zusammen und teilten, was sie besaßen. Wir haben uns alle miteinander sehr eingerichtet in einer nicht immer unproblematischen Existenz als mitteleuropäische Christenmenschen, die auf Kosten anderer Weltteile leben und gern auch noch die Grenzen abschotten möchten gegenüber dem Elend der Welt. Und gleichwohl hat Jesus von Nazareth keine Gemeinschaft von religiösen Hochleistungssportlern um sich gesammelt, sondern auch die auf- und angenommen, die es nicht schafften, elementarste religiöse Maßstäbe zu erfüllen – Kirche für alles Volk und nicht nur für die fromme Elite und nicht nur eine Kirche derer, die mit Ernst Christenmenschen sein wollen.

Die evangelischen Kirchen sind dann reformatorische Kirche im eigentlichen Sinne des Wortes und nutzen die entsprechenden Impulse des Jubiläums, wenn sie sich bei der Prognose künftiger Entwicklungen von Kirche nicht übernehmen, dem Heiligen Geist noch etwas zutrauen und trotzdem (oder: gerade deswegen) nicht die Hände in den Schoß legen. Ein Stück Gelassenheit entspricht mehr dem getrosten christlichen Glauben als fahrige und verzweifelt in Aktivität flüchtende Angst vor der Zukunft. Evangelische Kirche sollte insofern Volkskirche bleiben, als ihr Auftrag sich – wie in der Theologischen Erklärung von Barmen 1934 formuliert ist – an alles Volk richtet. Sie wird noch mehr eine Kirche von Menschen, die Jesus von Nazareth nachfolgen, wenn sich Christenmenschen wie seine ersten Jüngerinnen und Jünger aus vertrauten Lebens- und Denkformen in neues Leben und Denken rufen lassen. Sie kann Menschen in der Gegenwart erreichen, wenn sie barmherzig bleibt mit den Forderungen an sich selbst und an andere Menschen.

5.

Wenn man Erfahrungen aus dem Reformationsjubiläum für die kommenden Jahre fruchtbar machen will, muss man sich um ein offenes Herz bemühen gegenüber unterschiedlichen Formen von Christentum, ohne deswegen Beliebigkeit zu propagieren oder gleichgültig zu werden. Die vielen Kontroversen um das Jubiläum, die Risse zwischen verschiedenen Lagern innerhalb der Kirche sowie zwischen wissenschaftlicher Theologie und Kirchenleitungen sind nur ein Ausschnitt aus einem ganzen Feld von Auseinandersetzungen. Neben den Debatten zwischen einem traditionell eher kirchendistanten Kulturprotestantismus und einer stärker kirchlich orientierten Theologie, zwischen ökumenisch orientierten und eher evangelikalen Theologien spielt in den konkreten Reformdiskussionen der Landeskirchen eine Auseinandersetzung zwischen einer stärker auf Ortsgemeinden hin orientierten Position und einer stärker auf Funktionsgemeinden setzenden Position eine erhebliche Rolle. Auch eine Debatte um ausgewogene Verteilung zwischen Regionalität und Zentralität im Verhältnis von Gemeinden zu Landeskirchen und Landeskirchen zur EKD führt immer wieder zu scharfen Auseinandersetzungen. Dabei handelt es sich um einen geradezu archetypischen Konflikt zwischen Zentralität und Lokalität, der beispielsweise auch im Verhältnis zwischen Bund und Ländern oder Nationalstaaten und europäischer Gemeinschaft zu beobachten ist. Man muss auf der einen Seite sehr darauf achten, dass in gegenwärtig sich verschärfenden Konflikten die Einheit der evangelischen Kirchen bewahrt bleibt. Aber man sollte sich auch um ein offenes Herz bemühen gegenüber unterschiedlichen Formen von Christentum, ohne deswegen beliebig und gleichgültig zu werden. Die Kammer für öffentliche Ordnung der Evangelischen Kirche hat jüngst ein Positionspapier mit zehn Impulsen zu aktuellen Herausforderungen der Demokratie in Deutschland vorgelegt („Konsens und Konflikt: Politik braucht Auseinandersetzung", 2017). In diesem Papier wird eine demokratische Streitkultur angemahnt, weil Konflikt „Normalfall der Demokratie" sei. Gleichzeitig muss mit dem Ziel gestritten werden, zu Konsensen zu finden. Auch in der Kirche wird Konflikt und Streit oft als solcher perhorresziert und deswegen erst gar nicht geführt. Die künftige Gestalt von Theologie und Kirche ist aber des Streites wert. „Sprecht offene Worte", hat ein Journalist eine Lehre aus dem Reformationsjubiläum formuliert. Und es lohnt sich, auf Positionen im Streit zu hören, so wie bei umstrittenen Fragen in der Evangelischen Kirche auf die Position der Minderheit und derer, die sich marginalisiert fühlen, geachtet werden sollte. Was die Kammer für das Gemeinwesen fordert, gilt erst recht für den Raum der Kirche: Er ist in besonderer Weise ein Ort für die Suche nach Kompromissen, aber seit den Anfängen auch ein Raum, in dem Dissense ausgehalten werden können und um die Wahrheit gestritten werden darf. Das lehrt die Geschichte der Reformation ebenso wie die Geschichte der Reformationsgeschichtsforschung.

Die evangelischen Kirchen sind dann reformatorische Kirche im eigentlichen Sinne des Wortes und nutzen die entsprechenden Impulse des Jubiläums, wenn sie die seit der Reformation unhintergehbare Pluralität als Chance und nicht nur als Problem der Kirche akzeptieren und lernen, qualifiziert zu streiten, aber eben auch so konsensorientiert debattieren, dass irgendwann ein bestimmter Streit überwunden werden kann. Da sich die Lebenswelt der Menschen in der späten Moderne vollkommen pluralisiert hat, haben sich auch ihre Glaubens- und Frömmigkeitswelten pluralisiert. Insofern ist die Pluralisierung von Theologie und Kirche eine missionarische Chance, wenn erkennbar bleibt, dass es sich um Ausdrucksgestalten der einen Kirche Jesu Christi handelt.

6.

Wenn man Erfahrungen aus dem Reformationsjubiläum für die kommenden Jahre fruchtbar machen will, muss man noch viel stärker ökumenisch denken. Zu den großen Geschenken dieses Reformationsjubiläums von 2017 gehört, wie stark sich römisch-katholische Christenmenschen, aber auch kirchenleitende Personen an dieser Feier beteiligten und wie tief sich viele auf Kernpunkte reformatorischer Theologie eingelassen haben. Keineswegs scherzhaft ist der Hinweis gemeint, dass in den folgenden zehn Jahren nun evangelische Christenmenschen aufgefordert sind, sich auf katholische Theologie und Kirche einzulassen und Vorurteile so abzubauen, wie dies auf der anderen Seite oft geschehen ist. Hat die evangelische Kirche eigentlich schon einmal ein explizit römisch-katholisches Jubiläum mitgefeiert? Lesen evangelische Pfarrerinnen und Pfarrer katholische Autoren, so wie Beichtpatres im Petersdom im Jubiläumsjahr zwischen den Beichten Luther lasen? Gemeinsam sollte man die Hoffnung darauf, dass auch evangelische Christenmenschen offiziell zu römisch-katholischen Eucharistiefeiern zugelassen werden, katholische ihre Sonntagspflicht auch in einem evangelischen Gottesdienst ableisten dürfen und Geistliche beider Konfessionen wenigstens einander assistieren dürfen (wenn nicht gemeinsam feiern), nicht aufgeben und die Verantwortlichen in ökumenischer Geduld an ihre Hausaufgaben erinnern. Die reformatorische Idee des Priestertums aller Glaubenden ist in Zeiten knapperer Finanzen und von fehlendem Priesternachwuchs ein für evangelische wie katholische Gemeinden attraktives Modell, um Kirchengemeinden nicht geistlich wie organisatorisch vertrocknen zu lassen und also ökumenisch attraktiver als vielleicht manchem katholischen Hardliner deutlich ist. Aber auch in traditionell pfarrerzentrierten evangelischen Gegenden und Milieus gibt es da deutlichen Nachholbedarf. Die reformatorischen Kirchen haben aus guten theologischen

Gründen im 20. Jahrhundert begonnen, Frauen ins geistliche Amt zu ordinieren – auch dieses Identitätsmerkmal reformatorischer Kirchen gilt es selbstbewusst in ökumenische Dialoge einzubringen, zumal hier gar kein Dissens zu den Ansichten vieler römisch-katholischer Glaubensgeschwister mehr besteht.

Aber die Ökumene reicht weiter als die Pflege und Erneuerung des Verhältnisses zwischen evangelischer und römisch-katholischer Kirche. In den nächsten Jahren wird viel zu tun sein im Blick auf das Verhältnis zu den orthodoxen Kirchen, zu anderen protestantischen Kirchen und Gruppen wie beispielsweise den sogenannten Täufern, aber auch zum Judentum, zum Islam und zu anderen Religionen. Dabei ist das Verhältnis zum Judentum besonders zentral und auch kein bloßer Spezialfall einer allgemeinen interreligiösen Ökumene. Die Aufgabe, eine reformatorische Theologie so zu formulieren, dass billige Antijudaismen entfallen (beispielsweise die Rede vom „drückenden Joch der Gesetzlichkeit" des Judentums im Unterschied zur „befreienden Macht des Evangeliums" im Christentum), ist im Jubiläum 2017 nur ansatzweise gelöst worden und muss nun verstärkt angegangen werden.

Beim Buß- und Versöhnungsgottesdienst in Hildesheim im März 2017 hat man eine Reihe konkreter Punkte für das künftige Miteinander mit der römisch-katholischen Kirche verabredet, an die hier noch einmal zu erinnern ist: Man hat einander versprochen, wo immer es möglich ist, gemeinsam zu handeln und einander aktiv zu unterstützen, nicht zuletzt in Fragen der Caritas und Diakonie, der sozialen Gerechtigkeit, der Friedenssicherung und der Wahrung der Menschenrechte. Wenn dieses Versprechen ernst genommen werden soll, wird man sich in Zukunft immer zu fragen haben, ob das, was man gerade tut – und sei es ein Basar einer Kirchengemeinde zur Adventszeit – nicht gemeinsam mit dem ökumenischen Partner veranstaltet werden kann. An dieser Stelle sind Zeichen wichtig: Wenn man sich versprochen hat, „in allen Gottesdiensten für die ökumenischen Partnerinnen und Partner zu beten“, wird in die abschließenden Fürbitten-Gebete der evangelischen Gottesdienste in Zukunft ein entsprechender Passus eingefügt werden müssen, wenn nicht alles bloßes Lippenbekenntnis gewesen sein soll. Analoge Verabredungen empfehlen sich auch mit anderen ökumenischen Partnern. Und solche Verabredungen müssen ebenso eingehalten werden wie Ergebnisse des ökumenischen Dialogs bekannt gemacht, diskutiert und rezipiert werden sollten, wenn man sich nicht als ökumenischer Partner langfristig diskreditieren will.

Für solche und andere Erfahrungen der Nähe kann man nur tief dankbar sein. Dennoch gibt es keinen Grund, angesichts der bleibenden Differenzen und Probleme in realitätsblinde Euphorie zu verfallen. Die verschiedenen ökumenischen Begegnungen in den letzten Monaten haben viele davon überzeugt, dass die großen Herausforderungen der Zukunft verstärkt gemeinsam angegangen werden sollten, nicht in einer wiedervereinigten Großkirche, sondern in derjenigen versöhnten Verschiedenheit, die es konfessionsverschiedenen Paaren möglich macht, dort, wo sie es gerade wünschen, gemeinsam an den Tisch des Herren zu treten. Schon die verschiedenen Kirchen des antiken Christentums in Gallien, Italien, Nordafrika, Kleinasien und Ägypten waren sich oft gar nicht einig in vielen aus heutiger Perspektive basalen und nebensächlichen Fragen, aber einigten sich im 4. Jahrhundert beispielsweise auf gemeinsame Festtermine und bestimmte theologische Sätze. Auch hier geht es wieder um Zeichen: Noch feiert die Weltchristenheit zu unterschiedlichen Terminen Ostern und bietet damit ein beschämendes Bild ihrer Zerrissenheit. Eine erneute Einigung auf einen gemeinsamen Ostertermin der weltweiten Christenheit steht uns noch bevor, ist aber, wie das Beispiel der christlichen Kirchen in Jordanien zeigt, ohne Identitätsverlust jeder Kirche möglich und ein starkes Zeichen gerade auch unter Nichtchristen.

Die evangelischen Kirchen sind dann reformatorische Kirche im eigentlichen Sinne des Wortes und nutzen die entsprechenden Impulse des Jubiläums, wenn sie sich von der ökumenischen Dynamik des Reformationsjahres 2017 herausfordern lassen, sich so auf die Schwesterkirchen einzulassen, wie sich diese auf sie eingelassen haben. Insbesondere auf dem Gebiet der Ökumene zu anderen protestantischen Kirchen, zum Judentum und zu anderen Religionen gibt es noch erheblichen Nachholbedarf. Dabei geht es nicht um ein gedankenloses Abschleifen von Identität aufgrund von naiver Begeisterung, sondern um die nüchterne Erkenntnis, dass auch anderswo als im eigenen kirchlichen Kontext der Heilige Geist Begabungen schenkt, die dabei helfen, „die Botschaft von der freien Gnade Gottes auszurichten an alles Volk".

7.

Wenn man Erfahrungen aus dem Reformationsjubiläum für die kommenden Jahre fruchtbar machen will, muss man noch viel stärker das Christentum in europäischen Dimensionen leben und sich als Teil einer weltweiten Christenheit fühlen. Das gilt auch für alle Versuche, die Strukturen der Evangelischen Kirche zu reformieren: Auch hier hilft der Blick auf Erfahrungen in Europa ebenso wie in der übrigen Welt. Evangelische Kirche ist (wie viele deutsche Institutionen) unendlich deutsch. Das wird einem schnell deutlich, wenn man einmal Kirche in anderen Ländern der Welt erlebt hat, die eine eher multiethnische und multikulturelle Vergangenheit haben, wie beispielsweise die Vereinigten Staaten oder England. Das Schicksal, sehr deutsch geprägt zu sein, teilt die Evangelische Kirche mit vielen anderen Institutionen hierzulande, beispielsweise mit den Universitäten. Die Gliederung der EKD in Landeskirchen spiegelte lange die Grenzen deutscher Fürstentümer vor 1918 und die Struktur einer landeskirchlichen Verwaltung war ein getreuer Spiegel der klassischen deutschen Verwaltungsorganisation. Zum Teil wurde hier in den letzten Jahren schon entschlossen reformiert, Landeskirchen haben sich miteinander zu größeren Einheiten jenseits der klassischen deutschen Ländergrenzen zusammengeschlossen und Kirchenverwaltungen haben sich stärker auf die spezifischen Bedürfnisse der gemeindlichen Strukturen, denen sie dienen sollen, eingelassen. Es hilft wenig, mit dem Finger auf angeblich reformunwillige Personen und Institutionen zu zeigen; die eigentliche Aufgabe von Kirchenreform ist, in geduldiger Arbeit Bündnispartner zu gewinnen und dicke Bretter zu bohren. Ein kluges Reformkonzept ist vergleichsweise schnell erstellt, es will aber umgesetzt werden. Auch hier kann man viel von den Wittenberger Reformatoren des 16. Jahrhunderts lernen, die 1528 auf Wunsch von evangelischen Laienchristen eine neue Visitationsordnung für Sachsen einführten und sich so durch das Instrument eines regelmäßigen Besuchs der Kirchenleitung in jeder Kirchengemeinde zum Zweck von Beratung wie Aufsicht an die geduldige Besserung des Bildungsniveaus der Geistlichen machten. In diesem Zusammenhang entstand auch ein entsprechender Text, der „Unterricht der Visitatoren an die Pfarrherrn im Kurfürstentum zu Sachsen“ als Arbeit eines Kollektivs verschiedener Autoren, zu dem auch Philipp Melanchthon und Martin Luther zählten. Hier finden sich nicht nur Ausführungen über die hohe Theologie, sondern auch praktische Hinweise dazu, dass es zwar keine Sünde ist, Wein zu trinken, aber eine Sünde, seinem Leib Schaden zuzufügen (man könnte heute fortfahren: durch übermäßige Arbeit und Mangel an Freizeit, die den Körper schädigen). Keine Kirchenreform also ohne ein solides theologisches Fundament, natürlich auch nicht ohne sachbezogene, praktische Empfehlungen. Das Reformationsjubiläum 2017 und seine Vorbereitung zeigen aber auch, dass es sich lohnt, Mut zur Theologie zu haben und sich nicht auf pragmatische Fragen zu beschränken.

Man kann an dieser Stelle viel lernen von anderen um Reform bemühten Institutionen unserer Gegenwart, ihren Erfolgen wie ihren Fehlschlägen. Die Zahl der Kandidaten für einen solchen Vergleich ist groß und reicht von der Deutschen Bahn bis zu den Universitäten des Landes. Und man kann viel lernen von den Erfahrungen der Geschwister in anderen europäischen Ländern und weltweit. Und man kann lernen von Reformatoren wie Philipp Melanchthon, die über ein ebenso weit ausgespanntes wie dichtes Netzwerk der Kommunikation mit anderen Christenmenschen und Gemeinden in England, Frankreich, Italien, Nord- und Südosteuropa verfügten und in manchen Punkten sehr europabezogen dachten. Europabezogenes Denken hilft nicht nur bei der Aufgabe steter Kirchenreform, es hilft auch Europa, wenn in der gegenwärtigen Krise bewusst europäisch denkende Menschen für europäische Institutionen eintreten. Viel ist an dieser Stelle schon geschehen, viel ist noch zu tun – ein letztes Mal ist daran zu erinnern, dass man ein halb volles oder aber ein halb leeres Glas auf dem Tisch sehen kann.

Die evangelischen Kirchen sind dann reformatorische Kirche im eigentlichen Sinne des Wortes und nutzen die entsprechenden Impulse des Jubiläums, wenn sie sich bei anstehenden Reformprozessen nicht in Deutschland isolieren, sondern sich als Teil einer weltweiten und europäischen Gemeinschaft begreifen. Von den reformatorischen Bewegungen des 16. Jahrhunderts kann man lernen, dass Kirchenreform ohne theologisches Fundament ins bodenlose Chaos führt, sich aber aus den Fundamenten auch sehr konkrete, lebensdienliche Ratschläge ableiten lassen, allzumal, wenn sie in einem größeren Kontext gemeinschaftlich diskutiert und dann umgesetzt werden.

8.

Wenn man Erfahrungen aus dem Reformationsjubiläum für die kommenden Jahre fruchtbar machen will, sollte man durchaus selbstbewusst, aber auch kritisch den Beitrag der reformatorischen Be-

wegungen zur Identität des demokratischen Gemeinwesens unserer Tage thematisieren und trotz aller Kritik den Anspruch des Evangeliums auf Gestaltung der Gesellschaft nicht aufgeben. Das Reformationsjubiläum 2017 und seine Vorbereitung haben gezeigt, dass die reformatorischen Bewegungen von Anfang an europäisch orientiert waren und auf die Gestaltung des Gemeinwesens (beispielsweise im Blick auf Bildungsinstitutionen und sozialdiakonische Einrichtungen) zielten, ja dass schon im 16. Jahrhundert Keime einer europäischen protestantischen politischen Ordnung letztlich aus den kommunikativen Netzwerken von Theologen entstanden sind (so jüngst vor allem Thomas Kaufmann). Alle wissen, dass diese europäische protestantische Ordnung Teil und Mitursache von überaus gewaltsamen politischen Auseinandersetzungen im 16., 17. und zu Teilen noch im 18. Jahrhundert war. Die politische Geschichte des europäischen Protestantismus kennt schlimme Ausbrüche von – teilweise auch religiös motivierter – Gewalt, aber auch eindrückliche Versuche der – teilweise ebenfalls religiös motivierten – Einhegung von Gewalt. Angesichts der direkten Nachbarschaft von konfessionell unterschiedlich geprägten Territorien und Bevölkerungsgruppen war Europa aufgrund nachreformatorischer Pluralisierung wie Konfessionalisierung darauf angewiesen, die auch in religiöser Feindschaft begründete Gewalt einzuhegen, die Vielfalt religiöser Bekenntnisse rechtlich abzusichern und den beginnenden Prozess der Säkularisierung politisch zu gestalten (Ulrike Jureit). Gleiches könnte man für die Zusammenhänge zeigen, die sich mit dem Stichwort „Freiheit“ verbinden: Hier hat die Reformation Wege zu individueller Freiheit jedes Einzelnen ebenso gebahnt, wie sie Modelle der Einhegung schrankenloser Freiheit durch ihre einprägsame Formel von der Zusammengehörigkeit von Freiheit und Dienstbarkeit begründet hat. Ergebnis der Reformation ist nicht nur eine große religiöse Vielfalt, sondern auch die Erkenntnis, dass in Europa eine solche Freiheit jedem Einzelnen zumutbar sein muss, auch wenn der Lernprozess bis zu dieser Erkenntnis von Gewalt begleitet und schmerzlich war – einen nachhaltigen Durchbruch für die Verbesserung des Verhältnisses zwischen Menschen unterschiedlicher christlicher Konfession in Deutschland brachten wohl erst die Vertreibungen im Gefolge des Zweiten Weltkriegs und die damit verbundene Ansiedlung von Menschen anderer Konfession in ursprünglich monokonfessionellen Gebieten. Auch wenn gegenwärtig besorgte Stimmen davor warnen, dass die christlichen Kirchen sich ein „prophetisches Mandat" gegenüber Staat und Gesellschaft ungeachtet aller Problematik und Unsicherheit prophetischer Äußerungen anmaßen, ihre eigenen Mitglieder mit stark zugespitzten politischen Voten überfordern wie überfahren und die Verkündigung des Evangeliums über Gebühr moralisieren (so beispielsweise jüngst Ulrich Körtner), bleibt doch der Anspruch des Evangeliums auf die Gestaltung des ganzen Lebens und nicht nur eines eng begrenzten geistlichen Bereichs, der allerdings sensibel kommuniziert werden will. Natürlich lässt sich nicht schnurgerade aus dem Evangelium ableiten, ob die Mehrwertsteuer erhöht oder gesenkt werden soll, aber Menschen erwarten bei schwierigen ethischen Entscheidungen Hilfe dabei, wie sich aus dem Evangelium Orientierung gewinnen lässt. Zu diesen Menschen, die Orientierung erwarten, gehören – wie nicht zuletzt die großen ethischen Debatten der jüngsten Zeit im Deutschen Bundestag gezeigt haben – auch Politiker wie beispielsweise Abgeordnete dieses Parlamentes. Genauso wie es kommunikative Sensibilität und methodische Sicherheit braucht, um aus wissenschaftlichen Ergebnissen Ratschläge im Rahmen von Politik- und Gesellschaftsberatung zu formulieren, darf Kirche ihren Anspruch auf Mitgestaltung der Gesellschaft nicht aufgeben, aber auch nicht durch unbedachte oder inkompetente Äußerungen beschädigen. Auch an dieser Stelle kann man viel vom Erfolg, aber auch vom Scheitern entsprechender Versuche reformatorischer Bewegungen lernen.

Die evangelischen Kirchen sind dann reformatorische Kirche im eigentlichen Sinne des Wortes und nutzen die entsprechenden Impulse des Jubiläums, wenn sie daraus lernen, wie reformatorische Bewegungen erfolgreich – beispielsweise im Bereich des Bildungswesens – die Gesellschaft aus dem Geist des Evangeliums gestaltet haben, aber auch bedenken, welche katastrophalen Folgen irrige Ableitungen aus dem Evangelium für das öffentliche Leben und die Kirche selbst hatten. So lernt man Sensibilität und methodische Sicherheit auf diesem Gebiet und zieht die richtigen Konsequenzen aus Erfolgen wie Fehlschlägen.

Natürlich sind diese acht zusammenfassenden Punkte nicht alles, was aus dem Reformationsjubiläum zu lernen ist – es sind acht Punkte, die noch mitten während des Jubiläums einer einzelnen Person mit ihrer begrenzten Einsicht besonders wichtig und bedenkenswert schienen. Je gründlicher die zehn Jahre des Reformationsjubiläums und seiner Vorbereitung von allen beteiligten Akteuren selbstkritisch ausgewertet werden, je aufmerksamer viele Stimmen, aber auch die wissenschaftlichen Auswertungsmöglichkeiten herangezogen werden, desto mehr wird aus dem Jubiläum zu lernen sein. Alle auf den allerersten Blick naheliegenden Einsichten – wie beispielsweise die, dass die lokalen Veranstaltungen gelungen waren, die zentralen aber nicht – folgen eher klassischen Modellen zur Beschreibung komplexer Wirklichkeit (wie dem Modell vom Gegensatz zwischen Zentralität und Lokalität) als sie schon spezifisch auswerten, was seit 2008 gelungen und was auch misslungen war. Schließlich ist noch einmal vorsichtig daran zu erinnern, dass Gott am Ende einer großen Arbeit erst einmal ruhte und Menschen nach dem Bilde Gottes geschaffen sind. Das bedeutet, dass die – im Bereich der Evangelisch-lutherischen Landeskirche Hannovers entwickelte – Idee, nach den zehn Jahren Jubiläum und Vorbereitung erst einmal inne zu halten und sich ein Jahr der Besinnung zu gönnen, sicher nicht nur für Kirchenkreise zwischen Nordsee und Harz eine kluge Idee ist, wenn es um die Frage geht, was vom Jubiläum bleibt. So könnte man vielleicht nicht nur Anregungen für die vielen weiteren anstehenden Feiern in den nächsten Jahren und Jahrzehnten, sondern auch Ideen für die Reform der Kirche und der Gesellschaft aus dem Reformationsjubiläum 2017 gewinnen.

Nachwort

Was bleibt von allen Feierlichkeiten für die kommenden Jahre übrig? Kein Patentrezept für einen radikalen Umbau evangelischer Kirche und Theologie oder für ein schlichtes Festhalten an dem, was sich einmal bewährt hat. Man kann nicht einfach aus Texten und Ereignissen des 16. Jahrhunderts konkrete Ratschläge für komplexe Probleme des 21. Jahrhunderts ableiten. Ob eine Gemeinde zwei oder drei Pfarrstellen braucht und die, die sie besetzen, weiter Kirchenbeamte sein sollen, wie sich die Evangelische Kirche zum automatisierten Fahren und der allmählichen Übernahme menschlicher Verantwortung durch Algorithmen auch an anderen Stellen verhalten soll, das steht weder in biblischen Texten geschrieben noch findet sich bei Luther, Zwingli, Calvin, Bucer, Melanchthon oder wem auch immer dazu ein kluger Ratschlag. Orientierung gewinnt man aus biblischen Texten und reformatorischen Schriften nicht, wenn man sie in die Wirklichkeit unserer Tage zu zerren versucht. Um an dieser Stelle etwas aus der Tradition zu lernen, braucht es Geduld, Phantasie und den Heiligen Geist. Dann sind ein Rückblick und die Vorausschau auf künftige Entwicklung von Kirche auch keine Alternativen, Pflege der Erinnerungen an eine maßstabsetzende Vergangenheit und Gegenwartsdeutung keine sich ausschließenden Optionen.

Was bleibt von allen Feierlichkeiten für die kommenden Jahre übrig? Eine ganze Menge aus dem großen bunten Blumenstrauß, aber eben Verschiedenes, je nach Milieu, individueller Prägung und persönlichem Interesse: Eine Wissen-

schaftlerin wird dankbar immer wieder einmal eine der vielen Monographien und Ausstellungskataloge zur Hand nehmen. Ein römisch-katholisches Gemeindeglied hat entdeckt, dass Fragen eines Augustinereremiten-Mönchs aus dem 16. Jahrhundert doch gar nicht so weit vom eigenen Leben entfernt sind, und ist dadurch seiner evangelischen Nachbargemeinde nahegerückt. Der agnostische Oberbürgermeister aus dem Osten des Landes hat begriffen, dass die Werte der Wende von 1989 eine ganze Menge mit der Reformation zu tun haben, auch wenn sie darin nicht aufgehen. Viele ahnen, dass es bei der Reformation irgendwie um eine Freiheit geht, die nicht schrankenlose Selbstverwirklichung intendiert, sondern den aufmerksamen Blick für die Nöte des Nächsten. Und manche spüren, dass christlicher Glaube von den schrecklichen Ängsten des Lebens frei machen kann. Man kann, so scheint dem Verfasser dieses Buches aus seiner eigenen Erfahrung der vergangenen Jahre, durchaus sagen, dass das Reformationsjubiläumsjahr vielen als eine Art Sprungbrett gedient hat, den Glauben neu zu entdecken (eine Formulierung von Heinrich Bedford-Strohm) – oder etwas mehr in der Sprache der Reformatoren des 16. Jahrhunderts: Das Jubiläum diente als eine Art Sprungbrett, sich vom Glauben entdecken und das Leben aufschließen zu lassen. Als voraussichtlich letzte Party des Gremienprotestantismus kann man es guten Gewissens nicht bezeichnen. Eher im Gegenteil: Trotz des gewaltigen Traditionsabbruchs, der dazu führt, dass viele Menschen mit Kirche und Theologie per se nichts anfangen können und Schulkinder fragen, warum in der Kirche ein massiver Steinblock mit bunten Tüchern und Kerzen darauf steht (so erlebt in einer Universitätsstadt der östlichen Bundesländer), ist es gelungen, eine große Zahl von Menschen mit der Geschichte reformatorischer Bewegungen, mit der Theologie der Reformation und ihren Wirkungen, aber auch mit der Frage, was heute daraus zu lernen ist, zu befassen. Beispiele dafür könnten aus verschiedensten Orten und von zahllosen Veranstaltungen erzählt werden. Natürlich gilt – vom „Jahr der Physik" und den Einstein-Kenntnissen war die Rede –, dass solche Beschäftigung oft oberflächlich bleiben muss und vertieft werden will. Mancher hat etwas gehört und wenig verstanden. Das ist kein Spezifikum des Reformationsjubiläums 2017. Es macht eher deutlich, wo ab 2018 die Aufgaben liegen: Der reformatorische Bildungsimpuls muss entschlossen und den Bedingungen einer weitestgehend pluralisierten Gegenwart angepasst umgesetzt werden. Er darf nicht auf bestimmte Milieus und Begabungen beschränkt werden. Das Evangelium gilt allen Menschen. Anders formuliert: In einer Welt, die wieder neu von Nationalismus, Intoleranz und Populismus geprägt wird, sind die feinen reformatorischen Differenzierungen eher mehr als weniger ein Beitrag zur Bildung der ganzen Gesellschaft. Man kann sie auch in leichter Sprache formulieren.

Was bleibt von allen Feierlichkeiten für die kommenden Jahre übrig? An dieser Stelle zeigt sich schnell, ob Menschen im Grunde ihres Herzens pessimistisch oder optimistisch veranlagt sind. Das ist natürlich eine Frage des Typs und keine Frage wissenschaftlich grundierter Argumente. Der Pessimist wird sagen: Die evangelische Kirche sei „reformunfähig“ und „in wichtigen Fragen seit Jahrzehnten nicht vom Fleck gekommen“. Der Pessimist wird auf das schauen, was in den vergangenen zehn Jahren misslungen ist und nicht so realisiert werden konnte wie ursprünglich geplant. Der Optimist wird dagegen sagen: „Es soll uns doch gelingen“, gelingen, „auf dem Markt der Heilsversprechen die christliche Botschaft profiliert und prägnant zu kommunizieren“. Der Optimist wird beflügelt vom Reformationsjubiläum in die kommenden Jahre aufbrechen. Aufbruch oder Katerstimmung? Der Pessimist warnt den Optimisten vor allzu naiven Erwartungen, die nach dem Rausch unweigerlich in die Katerstimmung der Enttäuschung führen müssen. Der Optimist erinnert den Pessimisten daran, dass man etwas wagen muss für Dinge, die einem wichtig sind. Wer immer klagend auf dem Sofa oder am Schreibtisch sitzt, kann eben nicht aufbrechen. Das Reformationsjubiläum hat gezeigt, dass Menschen sich ansprechen lassen auch von unverkürzter und nicht banalisierter reformatorischer Verkündigung, wie ein letztes Beispiel zeigen kann: Die Frage nach dem, was nach dem Tode kommt, ist auch für die Menschen in einer säkularisierten Welt relevant. Luther ging es – auch wenn davon im Jubiläum nur gelegentlich die Rede war – um ein angstfreies Leben bis an ein seliges Ende. Und seliges Ende hieß für ihn: getrost und angstfrei sterben. Danach gibt es nach wie vor große Sehnsucht, weil alle sterben müssen und die meisten vorher klug und frei von Ängsten werden wollen. Von Ängsten wird man aber nur frei, wenn offen und ehrlich auch vom Bösen und davon, wie wir unter die Macht des Bösen geraten und schuldig werden, geredet wird. Erst dann, wenn realistisch geredet wird, überzeugt auch der Trost. Von Sünde zu sprechen – also dem Versuch, sein Leben ganz allein zu meistern und sich zum Schöpfer und Erhalter eigenen Lebens an der Stelle Gottes zu machen –, ist keine Verirrung des Augustinus, die Luther abzustreifen noch keine Kraft hatte und wir nun endlich ablegen müssen, sondern ein Teil des tiefen, lebensdienlichen Realismus biblischer Texte, der zum katholischen Erbe der Reformation und damit eben auch zur ökumenischen Gemeinsamkeit unserer Tage gehört. Wer aber kann solchen realistischen Sterbetrost schenken wenn nicht Menschen, die etwas vom österlichen Sieg über den Tod verstanden haben und (vielleicht durchaus stumm, nur mit einer Geste der Hand wie in der Predella in der Stadtkirche St. Marien in Wittenberg) Menschen auf den weisen, der diesen Sieg am eigenen Leib erfahren hat und dem sich im Leben wie im Sterben nachzufolgen lohnt? In diesem Sinne braucht es immer, immer wieder Reformation, neue Reformation. Auch noch lange nach 2017.

Einige wenige Hinweise für die, die weiterlesen wollen …

Immer zuerst zu den Quellen; genannt sind Studienausgaben, die auf weitere Texte hinweisen:

Die Bibel nach Martin Luthers Übersetzung. Lutherbibel revidiert 2017. Jubiläumsausgabe 500 Jahre Reformation mit Sonderseiten zu Martin Luthers Wirken als Reformator und Bibelübersetzer, Stuttgart 2016.

Calvin-Studienausgabe, hg. v. Eberhard Busch u.v.a., Neukirchen-Vluyn 1994ff. (zweisprachige Auswahl lateinischer und französischer Texte mit Übersetzungen in zehn Bänden).

Martin Luther, Lateinisch-Deutsche Studienausgabe, hg. v. Wilfried Härle, Johannes Schilling und Günther Wartenberg †, Leipzig 2006–2009 (^{2}2016; zweisprachige Ausgabe in drei Bänden).

Martin Luther, Deutsch-Deutsche Studienausgabe, hg. v. Johannes Schilling mit Albrecht Beutel, Dietrich Korsch, Notger Slenczka und Hellmut Zschoch, Leipzig 2012–2016 (zweisprachige Ausgabe in drei Bänden).

Huldrych Zwingli, Schriften, im Auftrag des Zwinglivereins hg. v. Thomas Brunnschweiler u. Samuel Lutz, Zürich 1995 (bislang vier Bände).

Und dann zur Sekundärliteratur:

Christian Danz / Jan-Heiner Tück (Hgg.), Martin Luther im Widerstreit der Konfessionen. Historische und theologische Perspektiven, Freiburg u.a. 2017.

Ulrich Gäbler, Huldrych Zwingli. Eine Einführung in sein Leben und sein Werk, mit einem Nachwort und Literaturnachträgen von Martin Sallmann, Zürich 2004.
Hans-Jürgen Goertz, Die Täufer. Geschichte und Deutung, Berlin 1988.
Berndt Hamm / Michael Welker, Die Reformation: Potentiale der Freiheit, Tübingen 2008.
Ulrich Heckel u.a. (Hgg.), Luther heute. Ausstrahlungen der Wittenberger Reformation (utb 4792), Tübingen 2017.
Eberhard Jüngel, Das Evangelium von der Rechtfertigung des Gottlosen als Zentrum des christlichen Glaubens. Eine theologische Studie in ökumenischer Absicht, Tübingen ⁶2011.
Walter Kardinal Kasper, Martin Luther. Eine ökumenische Perspektive, Ostfildern 2016.
Thomas Kaufmann, Erlöste und Verdammte: Eine Geschichte der Reformation, München ⁴2017.
ders., Luthers Juden, Stuttgart ³2017.
Ulrich H.J. Körtner, Reformatorische Theologie im 21. Jahrhundert (Theologische Studien. Neue Folge Band 1), Zürich 2010.
Hartmut Lehmann, Luthergedächtnis 1817–2017 (Refo500 Academic Studies 8), Göttingen 2012.
Volker Leppin, Die Reformation (Geschichte kompakt), Darmstadt ²2017.
ders., Die fremde Reformation. Luthers mystische Wurzeln, München ²2017.
Christoph Markschies, Reformationsjubiläum 2017 und der jüdisch-christliche Dialog (Studien zu Kirche und Israel. Kleine Reihe 1), Leipzig 2017.
Volker Reinhardt, Die Tyrannei der Tugend. Calvin und die Reformation in Genf, München 2009.
Joachim Ringleben, Gott im Wort. Luthers Theologie von der Sprache her (Hermeneutische Untersuchungen zur Theologie 57), Tübingen 2010.

Lyndal Roper, Der Mensch Martin Luther. Die Biographie, Frankfurt/Main 2016.

Heinz Schilling, Martin Luther: Rebell in einer Zeit des Umbruchs. Eine Biographie, München [4]2016.

ders., 1517: Weltgeschichte eines Jahres, München 2017.

Wolfgang Thönissen / Josef Freitag / Augustinus Sander (Hgg.), Luther: Katholizität & Reform. Wurzeln – Wege – Wirkungen, Leipzig/Paderborn 2016.

Klaus Unterburger, Unter dem Gegensatz verborgen. Tradition und Innovation in der Auseinandersetzung des jungen Martin Luther mit seinen theologischen Gegnern (Katholisches Leben und Kirchenreform im Zeitalter der Glaubensspaltung 74), Münster 2015.

Dorothea Wendebourg, So viele Luthers … Die Reformationsjubiläen des 19. und 20. Jahrhunderts, Leipzig 2017.

Der Verlag dankt allen Rechteinhabern für die freundliche Genehmigung zur Verwendung des Bildmaterials und der Logos sowie der zur Verfügung gestellten Textauszüge. Der Verlag hat sich bemüht, alle Rechteinhaber ausfindig zu machen.

Abbildungs- und Textnachweis: S. 8: © Playmobil – geobra Brandstätter Stiftung & Co. KG, Zirndorf, www.tourismus.nuernberg.de/shop; S. 9: © Staatliche Geschäftsstelle „Luther 2007"; S. 10: © Christiane Pfohlmann; S. 21: © www.luther2017.de; S. 24, links: www.auswaertiges-amt.de; Mitte: © LDA Sachsen-Anhalt, Klaus Pockrandt; rechts: www.luther2017.de; S. 25: © www.luther2017.de; S. 28: © epd-Bild; S. 30: Michael Welker | Michael Beintker | Albert de Lange (Hrsg.): Europa reformata. Reformationsstädte Europas und ihre Reformatoren. © Evangelische Verlagsanstalt GmbH, 2016; S. 31, oben: © r2017; unten: www.ref-500.ch; S. 32: © Staatliche Geschäftsstelle „Luther 2007"; S. 37: © r2017; S. 38: © r2017; S. 50: Friedrich Christian Delius, Warum Luther die Reformation versemmelt hat. Eine Streitschrift, Copyright © 2017 Rowohlt Verlag GmbH, Reinbek bei Hamburg; S. 56: Dorothea Wendebourg: So viele Luthers … Die Reformationsjubiläen des 19. und 20. Jahrhunderts. © Evangelische Verlagsanstalt GmbH, 2017; S. 72: © epd-Bild; S. 77: © P. Abraham Fischer OSB, Schmiede der Abtei Königsmünster, Meschede; S. 94: © epd-Bild; S. 95: Christiane Kohler-Weiß „Von der Freiheit. Martin Luther lesen. Mit Auszügen in leichter Sprache". © Gütersloher Verlagshaus; S. 97: © 2015 Stiftung Creative Kirche. Mit freundlicher Genehmigung; S. 99 f: Mit freundlicher Genehmigung von Michael Kunze (Autor) © 2015 Edition Butterfly Roswitha Kunze e.K.; S. 104: Worms Bischofshof um 1521. © Stadt Worms; S. 105: © Thomas Klitzsch; S. 117: www.suhrkamp.de; S. 152: © r2017.